JN105748

ヨグマタ 相川圭子
Yogmata Aikawa Keiko

希望実現の真理
運命は改善する

Realizing Your Hopes: The Truth
You Can Change Destiny

さくら舎

はじめに

あなたはいま、どんな希望や願いを抱《いだ》いていますか？

私のところには、いろいろな方が私の祝福を求めてやってきます。みんなが幸せになりたいと願って、訪れてくるのです。

真理を求めてやってくる人が多いのですが、なかには、

「成功したい」

「もっと活躍したい」

と言ってくる人もいます。

そうした人は、事業で成功したり、それぞれの世界でもっと力を発揮したいと願っています。

ほかにも、

「生きがいのあることをしたい」

「いいパートナーを見つけたい」

「志望校に合格したい」

「病気を治したい」

「幸せな家庭を築きたい」

「長生きしたい」

といった、さまざまな希望や願望を持つ人が相談に訪れます。また、

「いま、抱えている問題を解決してほしい」

「心配事をなくして、ぐっすり眠れるようになりたい」

と、つらい表情で来る方や、

「もっと立派な人になりたい」

「世の中を救いたい」

「悟《さと》りを得たい」

という志《こころざし》をきっぱりと述べる人もいます。

このように、すべての人は、大なり小なり、さまざまな希望や願望を抱いています。

そして、もっと幸せになりたいと願っています。それは本当にすばらしいことです。**願いや希望があるからこそ、生きる力が出るのです。**私は、どんな幸せがよいのか、あなたがなんのために生まれてきたのか、そうしたことを紐解《ひもと》き、より人生を輝かせていただきたいと願っています。

✴

私はこの本で、

「なぜ人は希望や願いを抱くのか？」

「希望が叶《かな》わない場合、どんなことが原因になっているのか？」

「希望や願望は、欲望とどう違うのか？」

「人間にとってなにが本当の希望であり、最高の願いとはどういうものなのか？」

といったことを明かしながら、**みなさんの願望が叶えられる真理を解説していきます。**

本書を読むと、心と体と魂《たましい》についての秘密の科学があることがわかり、さらには宇宙の神秘がわかってきますから、それらの真理を理解することになるでしょう。そして、体と心を正しく使うことの意義が理解できるようになっていくでしょう。

真に幸せになるためにリスクをなくす生活をするには、生活態度を正しくすることが大切であり、そして真理にもとづいた実践《じっせん》をつづけていくと、自然と希望の実現に導かれていくことを理解することができるでしょう。

その真理の実践法とは、私が日本と海外でみなさんに伝えているヒマラヤ秘教です。

＊

そのヒマラヤ秘教を伝えてきたのが、ヒマラヤの聖者です。ヒマラヤ聖者は、宇宙と人間について、そして心と体（身体）と魂について探究してきました。

魂とは、心身を生かしている源《みなもと》（根源、本源）にある存在です。ヒマラヤ聖者は、人間の体を小宇宙とみなしたのです。それは大宇宙と同じ要素でできているので、それを探究することで、すべてがわかることに気づいたのです。

その本質はどんなものなのかということを、厳しい修行や瞑想《めいそう》（ヒマラヤシッダー瞑想）を通して知りました。修行と瞑想によって、心を整理して浄《きよ》め、体を浄め、心と体を純粋に変え、源にさかのぼっていき、真理に達していったのです。

ヒマラヤ聖者は、それらすべての源にはいったいなにがあるのかということを、深い瞑想を通じて体験しました。

つまり深い瞑想から体と心を超えて、死を超えて、究極の「サマディ」（仏教で使われる

〈三昧《さんまい》〉に達して、創造の源に達し、真理になったのです。そして人間の内側の科学、いい換えれば命の科学の秘密を知り尽くしたのです。それによって、どうしたら内側の複雑なシステムを浄め変容させることができるかという、実践的なさまざまな浄化の方法を発見し、生み出したのです。

その教えがヒマラヤ秘教として伝わりました。そうして日本人である私が稀有《けう》な縁によって、ヒマラヤ聖者に選ばれ、真理を知る修行をすることになったのです。登山もしたことがない私でしたが、ヒマラヤの奥地五〇〇〇メートルの高さにある秘境を訪れ、そこで厳しい修行をつづけたのです。

そうして、体を鍛《きた》え精神を研《と》ぎ澄まし、やがて深い瞑想、サマディから、悟りの究極の境地である「究極のサマディ」に到達しました。究極のサマディとは、時間を超えて、さらに源にさかのぼって、すべてを創り出す源、つまり神と一体になることです。それを体験したのです。それは究極の解脱《げだつ》を体験したということです。

そして、いま、ヒマラヤ聖者たちの応援をいただいて、また私のマスター、ハリババジの命《めい》によって、人々の意識を高め、目覚めさせるために、その尊い教えを伝える役割を授かりました。

ヒマラヤ秘教は、五〇〇〇年とも一万年ともいわれる歴史を有する教えです。

＊

それは、自分自身が心身を浄化し進化させて、神（仏）に近づき、やがて神になることを体験するという、真理の科学です。それは宗教を超えた超宗教であり、心を空《から》っぽにして、悠久《ゆうきゅう》の世界に大きく羽ばたく生き方を明らかにしているのです。

私はヒマラヤの秘境にて真理の体験をくり返し、何年もヒマラヤ中を旅していきました。その後、マスターの命によって、人間の存在がなんであるのか、なんのために生まれて生きているのかを人々に知らしめ、人々を目覚めさせていくために、実際に人間の中に眠る神秘の力、悟りの力を証明していったのです。

そのために、私は命を懸けて真理の証明をし、世界の平和のために、サマディパワーの愛と平和をみなさんとシェアし、ブレッシング（Blessing、祝福）を与えていきました。

また、大勢の人の前で「アンダーグラウンド・サマディ」をおこないました。それはインドの各地や、「クンムメラ」という大規模なスピリチュアルのイベントで、インド政府公認のもとに、毎年公開しておこなったものです。この公開サマディは一六年間で、通算して一八回にのぼります。年に一回、ときには二回おこないました。

私はインドの知識協会という、学者が集まる政府教育機関から、「ヨガの母、宇宙の母」を意味し、究極の真理を悟った存在であり、ヨガのすべてを知り尽くし、究極のヨガを修《おさ》めたという意味の、「ヨグマタ」という称号を授かったのです。

またインド最大のスピリチュアル協会からは、歴史上女性として初めて、最高指導者の「マハ・マンダレシュワル」という仏教の大僧正《だいそうじょう》、あるいはチベット仏教のリンポチェにあたる称号をいただいています。それは「宇宙の神、師」を意味する言葉です。

インドのモディ首相をはじめとするインド関係者による働きかけを受け、国連の経済社会理事会会議場で開催された二〇一六年六月の「ヨガと平和についての国際会議」に主賓《しゅひん》として招かれ、基調講演やスピーチ、式典のテープカット、瞑想指導などをおこないました。

二〇一七年六月には、ネパールの首都カトマンズにあるインド大使館で、国際ヨガデーを祝う式典がおこなわれ、ネパール政府より主賓として招待されました。

ほかにも、国連では、二〇一六年一〇月に「ヨガと平和についての国際会議」、二〇一七年五月に「アースデイを祝う国際会議」での基調講演などをおこなってきました。

さらに二〇一九年八月四日に、インド政府の協賛を得て、ヨグマタ財団（インド）の主催で、ニューデリーで世界平和賞の表彰をおこない、平和に貢献した人を讃《たた》えました。

多くの人が世界の平和を考えるように、私はこうしたさまざまな活動をおこなっています。

＊

みなさんのなかには、

「世界で一流の人物になりたい」

「世界平和に貢献したい」

「地球が抱えている問題を解決できる人物になりたい」

といった大きな希望を抱いている方もいることでしょう。

真理を体験した悟りのマスター、シッダーマスターにガイドされて、ヒマラヤ秘教を学び、実践することによって、あなたは自分の外側を正していき、内側を浄化して、磨《みが》き上げることができます。

それにつれて、あなたの能力は高まっていき、これまで抱えていた、人生や仕事や家庭や健康などのさまざまな悩みは解消されていくのです。また、見えない神秘の力の助けによって、正しい願望は達成に導かれるのです。

ぜひ、あなたがまだ気づかないかもしれない、本来抱いている、生涯の本当の希望を実現しつつ、世の中の役に立つ人となったり、世の中をよくするための人格になってください。そして、世界を平和に導く、すばらしい人生を歩んでいただきたいと願っております。

ヨグマタ相川圭子《あいかわけいこ》

目次◆希望実現の真理──運命は改善する

第2章　競争社会のなかでの心構え

第3章　大切なのは内側を浄めること

第4章　実現する力、変容する力

第5章　ワンネスになっていく道

第6章　心に振り回されず今にいる

第7章　太陽のように輝く

第8章　本当の幸福が実現する

希望実現の真理——運命は改善する

第1章

希望が成就する生き方

――人生にはいろいろな希望がありますが、体を最大限に使い、心を最大限に使えば、それがすみやかに実現する可能性があるのです。

次々と新しいものに心惹かれるわけ

みなさんは、これまでの人生を生き抜くなかで、社会的に成功したい、事業をはじめたい、会社で昇進したい、いいパートナーがほしい、生きがいのあることをしたい、趣味を楽しみたい、自分の好きなことをしたい、などとさまざまに願ってきていることでしょう。

女性の願いと男性の願いはたいてい違っています。お母さんの願い、お父さんの願い、子どもの願いも、それぞれ異なっているでしょう。人のキャラクターによって、また人生の成長のプロセスで、なりたいものが違ってくることもあると思います。

人は、目標に向かって一生懸命やって成長し、さらに上を目指していきます。なにかをやり遂げ完成すると、また新たなことをはじめていきます。

また、現代はすごいスピードで変化しているので、旧来のことは人気がなくなって、新しいものが求められていきます。さらに社会では、次々と流行が変わっていく状況が見られます。

人は、一つのものを手に入れると、それに対する興味がなくなってしまいます。そしてまた違う新しいものを求めはじめ、心が惹《ひ》かれるのです。

しかし、そういうことをくり返しているうちに、生命エネルギーが消耗《しょうもう》したり枯渇《こかつ》したり、バランスを崩したりします。ついには病気になったりします。どんなに頑丈《がんじょう》にできている人であっても、体と心を使う一方では疲弊《ひへい》してしまうのです。

そして、やっていることがうまくいかなかったり、人生につまずいたりすると、こういう生き方ではたしていいのだろうか、いったいどうなるのだろうか、と生き方についてなにかを思うようになってくるのです。

いくら一生懸命学んでも、あるいは名誉やお金を手に入れても、なにか満たされない気持ちが湧《わ》いてきたりします。なんとなく不安になったり、寂しい気持ちにおそわれたりして、平和な心でいられなくなるのです。

また、たとえ一時的に満たされたとしても、いろいろな不安がつねにつきまとい、それを気にして、人生に疑問が湧いてきます。やがて迎える死についても、不安の心が湧いてくるのです。

すべては変化して死を迎える

すべてのものは誕生し、成長をつづけ、衰《おとろ》えていき、死を迎えます。

春になって芽を吹いた植物は、夏は活動的になって花が満開になり、秋には活動がスローになってしおれてしまい、冬には枯れてしまいます。そうした植物は、季節を過ごしながら、やがて命を終えていくのです。

そして、こぼれた種が翌年の春に芽生《めば》えて、命のバトンタッチがなされるわけです。

人間も同じように、生まれたら学び成長して生きつづけ、やがて、この人生の終わりを迎えるのです。

みなさんが誕生してからの人生を振り返ると、

「死とは、いったいなんなのか」

「死んでまた生まれるということは、あるのだろうか」

「生きるということは、どんなことなのだろうか」

「そもそも、なんのために生きるのだろうか」

といったことを考えるのではないでしょうか。

人の中には動かない、永遠の存在がある

人は幸せになりたい、欲しいものを手に入れたい、と物を集めたり、あるいはお金を増

やしたりすることを願っています。

そして、感覚の喜びを求めています。美しいものを見て喜び、心地よい音楽を聴いて楽しみ、おいしいものを食べてうれしくなります。

スポーツで体を動かしたり、旅行に出かけたり、仕事と学びをおこなうなど、いろいろと体験を深めて心を豊かにしています。

そうして、楽しんだり、喜んだり、怒ったり、悲しんだり、寂しがったり、苦しんだりして、人生を送っています。

しかし、人生でそれらの体験をした肉体と、集めた物は、死んだらこの世に置いていかなくてはなりません。

いったい人はなんのために食べたり、勉強したり、仕事をしたりしているのでしょうか。

自分の本質とはいかなるものでしょうか。

じつは、みなさんの中には動かない、永遠の存在があり、みなさんはその内なる存在から現れて、そこにまた戻っていくのです。その旅が人生なのです。

アストラル体の記憶を浄化する

人は、人生でさまざまな体験をし、それが心の家であり潜在意識のあるアストラル体に記憶されていきます。アストラル体とは体の中にある霊妙なエネルギー体のことです。心を包んでいるのです。

心の欲望に翻弄《ほんろう》されていたり、体験を通じて悔《くや》しい思いなどを抱え込んだりすると、それがゴミのようにたまってしまい、心を包むアストラル体が重くなってしまいます。

アストラル体のクオリティが浄《きよ》まっていて純粋なら、死後、天国に行くことができますが、重かったり、激しかったり、質が悪かったり、汚れていたりすると、地獄《じごく》に落ちてしまうのです。重いエネルギーの心は苦しむ体をつくって、責め苦に遭《あ》わせるといわれます。その世界が地獄のことです。

しかし、**私たちが生きてきた目的は、本当は自分を解放するためであり、自由な人になるためなのです。自己という存在を悟るために生まれてきたのです。**

アストラル体の記憶を浄化して、本質の自分に還《かえ》っていくことが人生の目的なのです。

このことを発見したのがヒマラヤの聖者なのです。

生きて体があるときにヒマラヤ秘教の修行をすると、純粋な波動で心の記憶を浄化することができます。すると、本質の智恵、神聖さが目覚めてくるのです。

神のような心、愛とか平和とか感謝といった本質の、すばらしいクオリティこそが本来の自分であって、そこに戻っていくことができるのです。形のあるものから形のないものになっていくという、人生の進化のプロセスで、永遠の存在に出会っていくのです。

自分のクオリティを高めていく生き方

心と体を使って、みなさんは生きています。人生でいろいろな体験をして、その心と体を充実させようとしているのですが、偏《かたよ》って使ってしまうとバランスが崩れます。

そこで心と体のバランスをよくしよう、あるいはリセットしようとして、さまざまに体力をつける方法とか、心の癒《いや》しといったものが提供されているわけです。

しかし、**人生でなによりも重要なことは、自分のクオリティを高めていく生き方をすることです。**

自分のクオリティを高めていくことこそが、人生の目的であり、そうした気づきをもっていくことが大切なのです。ヒマラヤ秘教にその秘訣《ひけつ》があります。自分の意識を進化させて理解を深め、智恵をもって生きていくということです。

イモータルになる実践的な教え

人生の目的とは、究極の悟りを得ることであり、真理になること、つまり自己を悟るということなのです。

自分はいったいだれなのか、自分は体なのか心なのかと問いかけて、そういうものは全部変化していくものであると知ること。すべてを知り、すべてを創り出す、変化しない存在があることに気づき、その永遠の存在につながって、そこにさかのぼって還っていくことが大切なのです。

そのために、みなさんは生をいただき、体と心をいただいているのです。

意識を進化させ、心を正しく使って、心をコントロールでき、体をコントロールできるようにしていくことが大切なのです。

内側を浄化して、本質に還っていく生き方をすることが肝心《かんじん》なのです。

そのことを明らかにするのがヒマラヤ秘教の教えです。

ヒマラヤ秘教は、お釈迦《しゃか》様が生まれるはるか前からある、仏教の源流ともいえる、長い歴史を持つ教えです。それは神の啓示による教えであり、不死、イモータルになる実践的な教えでもあります。

自己を悟りに導く、神になっていく教えなのです。つまりセルフリアライゼーションを得ていく実践の教えなのです。

希望を成就し、自己実現ができる

みなさんは、せっかくいただいたこの体と心を、できるだけ磨いて生きながら、最高の能力が発揮できるようにしていきましょう。

すると、希望が成就《じょうじゅ》し、成功して、よりいっそういい自分になっていくことができるのです。そうして自己実現ができるようになるのです。

人生にはいろいろな希望がありますが、体を最大限に使い、心を最大限に使えば、それがすみやかに実現する可能性があるのです。

学生でしたら、いろいろなことに智恵が働き、なんでも記憶できるような、優秀な頭脳になって、志望した学校に受かることになります。

そのためには、体のエネルギーと心のエネルギーを整えて、精神統一のエネルギーを充実させることが大切です。

また、みなさんには心のブロック（障害）があるので、瞑想などで、そうした思い込みを外したり恐れを取り去ると、充実したエネルギーを注ぐことができます。百パーセントの力を発揮して、希望を実現していくことができるのです。

物への執着を外していく

みなさんの希望は、どちらかというと、物質的な欲望から発生しているという場合も少なくありません。そうした人は、ある欲望が叶うと、また異なる欲望を抱くということをくり返しているのが実情です。

それは、「これが欲しい」と取り込む行為です。それが執着《しゅうちゃく》をつくり、手放すことができず、苦しみを発生させるのです。そして、さらに「欲しい、もっと欲しい」と、まるでのどが渇《かわ》いたように要求していくのです。

この執着を外す効果的な修行があります。それは捧げていく修行です。みなに分かち合っていくのです。奉仕をするのです。相手のためを思って見返りのない助けをすることが、執着を手放す修行になるのです。

さらに物への執着を放していくには、自分はいったいだれであるのかという探究をして、内側の、根源に戻る修行をしていくことが必要です。

このように探究と修行をつづけていくことは、物のほうへ、外側のほうへととらわれた意識を内側に向けて、その執着を外すことになっていきます。

たとえ必死の努力をして手に入れたものであっても、みなさんが得たものはすべて、この世に置いて去っていかなければなりません。お金をどんなにたくさん儲《もう》けたといっても、死ぬときは持っていくことはできないのです。

自分が起こして大きくした会社なども、だれかに引き継いでもらわなければならないのです。

利益を社会に還元していく

社会人の場合は、自分の欲望を叶えようとするばかりではなくて、得た利益や習得した技術などを社会に還元したり、人々の成長に役立てたりすることを心がけるとよいのです。

たとえば、会社を経営したり、会社で働いている人は、みんなに喜んでもらえることをするとよいのです。生きるうえで便利な衣食住の品を開発したり、それを広く行きわたらせたりすることなどをして、多くの人に喜んでもらうとよいのです。

また会社を経営することで、人によい仕事を与え、その家族が生活できるようにするのはすばらしいことです。

社会では、周囲の人の助けを得て成功に導かれるのですから、成功の目標とするものは、反社会的なものでなく、世の中に受け入れられるものであることが必要です。さらにみんなが真の成長をするものがよいのです。

利益を得たなら、その潤《うるお》ったものの一部をドネーション（寄付）することも大切です。自分だけのセルフィッシュな豊かさと成長を求めるだけではなく、精神的な、あるいはみんながよくなることをしている団体などに寄付をするとよいのです。

そうして、**みんなで喜びをシェアするという気持ちをつねに持つことが大切です。**それが執着にならないようにシェアするということです。

願いを叶えて手放していく

エネルギーをバランスよく、心と体によいことに用いて、人生の本当の目的のために使うようにしていきましょう。

人には過去生《かこせい》からの願いがあります。それを成就しないと、物への執着から離れることはできません。無理に離れても、まだやり遂げられていないという無念な思いが残ってしまうのです。

願いは、ある程度スピードアップして味わいつくすことができたら、自然と手放すことができるのです。

ですから、現世利益的な欲望やセルフィッシュな願望をすべて否定するというのではなく、それを叶えながら、一方で捧げる行動をとって、執着を取り去ることをしていく必要があるのです。

希望実現の体験談①

◈導かれるままに、希望の会社に転職

ヨグマタジから瞑想法をいただいて間もない頃の話です。勤めていた会社での仕事に嫌

気がさし、転職先を探していました。希望は、生まれ故郷の北海道に戻り、林業や農業にたずさわることでした。

そんな折、法話会の会場の片づけ中に、偶然ヨグマタジがお通りになり、私を見るなり「すぐに合宿にいらっしゃい、急いで！」と言われたのです。お言葉に背中を押され、すぐさま合宿に参加させていただくことができました。

初めての合宿は、訳もわからないまま一週間を終えたという感じでしたが、その後の変容はとてつもなく大きなものでした。

転職先として希望していた職種の会社は、ほとんどが門前払いで、なかなか見つからなかったのですが、偶然にも現職の同業他社が求人を出しているのを見つけ、導かれるように応募したところ、三次面接まですんなり合格。提示された条件も、希望どおりの北海道勤務で、処遇《しょぐう》も前とほぼ同等の扱いということでしたので、入社を決めることとしました。

また、同じような仕事に就《つ》くことに戸惑《とまど》っているのは自分のエゴであるという、大きな気づきをいただくことができました。

ヨグマタジを信じて、導かれるとおりに行動すれば、何事もうまくいくと確信しています。

（S・M　50歳　男性）

◈仕事での願望がすべて叶いました

私は人に教える仕事を、フリーランスで、子育てのかたわらしているのですが、ヨグマタジに出会ったばかりの頃は、その仕事に疲れ果てていて、やめて専業主婦をしようと思っていました。それでも三人の方に請《こ》われて、教えてはいました。

その後、いろいろな時期を経て、いまは五〇人の方に教えています。現実的に経済面で専業主婦では無理だったので、やはり専門の技術を生かせることができてよかったと思っています。

おかげで、瞑想法を拝受した当初は、お金の不安のことばかり思っていたのですが、いまはあまり考えなくてすむようになり、それがとても楽で、ありがたいのです。ヨグマタジのところで、ご奉仕をしたり秘法をいただいたりしながらも、家事と子育てがちゃんとできるだけの、時間と経済力をいただきました。

同じ仕事をしていても、ヨグマタジのところに来る前は、一言でいって、自分の欲に翻《ほん》弄《ろう》されていました。人を集めるために、本来とは違う自分を演じ、独《ひと》りになると、だれにも会いたくないし見られたくもないという、他人が苦手な自分でした。

ところがヨグマタジに出会ってから、ありのままでいられるようになり、自然と一人、また一人と、生徒さんが集まってきました。

ヨグマタジの教えを実践していくプロセスで、自分の事業欲、名誉欲がごっそりと落ちていく体験を、わりあいと早い時期にしたことになります。なんとも爽快《そうかい》でありがたい、うれしい体験でした。

自分の胸の中がすっきりと片付いて、なにをあんなに集めて、ごちゃごちゃに散らかしていたのか、思い出せないほどです。

いまはさらに、自然にいい人たちが集まってきて、みな楽しんでつづけてくださり、とても幸せです。しかも、以前はすごかった仕事への執着や、他人への執着がなくなりました。手放すときが来たら手放そう、というように、運命にお任せしているので、とても楽です。

おかげさまで、仕事においてこうなりたいと思っていたすべての願望が叶っていて、今《こん》生《じょう》で果たすべき課題が一つ果たされた感覚があります。感謝でいっぱいです。

（S・T　50歳　女性）

◈まさに希望どおりの家が見つかりました

「小学生の娘と中学生の息子の両者にとって転校の必要のない場所にあって、適度な広さのある、夏涼しく、冬暖かく、快適な家（戸建）に転居できますように」と希望しながらも、それとは真逆の、研究所の、築四〇年以上の古い社宅に家族四人で住んでいました。

ところが、二〇一一年の東日本大地震で被災し、老朽《ろうきゅう》化に拍車がかかり、結果、当該社宅は廃止が決定し、期限を切って立ち退《の》きを迫られました。

この社宅への入居の際に、小三で転校を経験している息子は、もう転校はしたくないといい出し、娘も転校は嫌だといいます。しかし、小学校の学区内となると、かなり限定的です。しかも社宅のある場所は人気が高く、かつ新規物件はほとんど出ないエリアでした。

周辺で売り出される物件は、転校が必要になる案件か、学区内ではあるものの、物件そのものや周辺環境が、希望に合わない、あるいは予算的に厳しいものばかりで、数少ない候補が出て、まとまりかけても、私か妻のどちらかが納得できず、契約にはいたらないということをくり返していました。

このように、住居探しに関しては、何年も苦労していました。このエリアで新しい物件なんて出ないよ、などと夫婦で話しつつも、私にはヨグマタジにお願いすれば、いつかヨグマタジがなんとかしてくれる、という信念がありました。なぜなら、過去に出した祈願は、すべて叶えていただいていたからです。

新居に関しては、家族の幸福祈願として何度か出させていただきました。

社宅に残っているのはうちを含めて二軒、別棟に一軒（広い敷地にたった三軒で、あとはすべて空き家というのは防犯上もよろしくありません）、タイムリミットまであと数ヵ月という時期に、突然、社宅と同じ町内にある家が売りに出されました。

見学に行くと、部屋の数や大きさも希望に近く、周辺環境もよく、価格も手頃。さらに、震災の影響が心配でプロに調べてもらいましたが、驚くほど影響を受けておらず、建物も基礎もしっかりしており、表面的に多少リフォームすればなんとかなるとわかり、なんと私も妻も、すっかり気に入ってしまったのです。

そこからは、不動産屋さんやリフォーム業者にも恵まれ、トントン拍子に事が進み、夏涼しく冬暖かであるかどうかは微妙ですが、いちばんネックだった、転校の必要のない地域という希望にかなう家に、期限内に引っ越すことができたのです。

新居探しをはじめてから数年、ヨグマタジの恩恵により、家族にとってよい家にめぐりあうことができました。ヨグマタジに感謝します。

（M・S　51歳　男性）

第2章

競争社会のなかでの心構え

――自分を豊かにして、その豊かさを周囲にシェアしていきます。余裕のない生き方ではなく、思いやりのある生き方をプラスしていくのです。

ライバルはありがたい存在

多くの人が、見えるところだけよくしようとしています。また、目に見える世界で豊かになろうとしています。

こうして、「物が豊かな人は幸せだが、物が乏《とぼ》しい人は不幸だ」というふうに、差別感が生じてきてしまうのです。

それと同じように、

「学歴が高い人は優秀、学歴が低い人はダメ」

「一流会社に勤めている人は立派、そうでない会社に勤めている人はダメ」

「年収が高い人はすごい、低い人はダメ」

といった差別感もよく見られます。

世の中は競争社会ですから、こうした比較の世界にどっぷり浸《つ》かってしまい、自分はダメな人間なんだと思い込んでしまう人が出てくるのです。

✴

また、この世は競争社会なのだから、希望を成就《じょうじゅ》するためには、闘いに勝たなければならないのだ、他人を蹴《け》落《お》としてこそ成功の栄冠を手に入れることができるのだ、と思い込んでいる人もいるようです。

難関の希望校に合格したいと強く願って、懸命に受験勉強をつづけている人も少なくありません。そうした場合は、他人を意識して他人と闘うのではなくて、自分との闘いだととらえればよいのです。

自分のだらしない気持ちとか、眠りたいとか休みたいといった怠《なま》け心を克服《こくふく》することです。そうして自分がパーフェクトになって、勉強に没頭《ぼっとう》すれば、好ましい結果になるはずです。

自分に打ち克《か》てば、自然に好結果がともなうのです。

他人の幸せを喜ぶということも大切です。

ライバルがいることで自分もがんばれるのですから、ライバルはありがたい存在なのです。あの人もがんばっているなと思うと、自分もがんばろう、といった意識になります。

そして、その人も受かってほしいと願うようになります。

ライバルがいたほうが、自分が成長できるのです。

セルフィッシュではなく豊かさを分かちあう

希望を成就するためには、集中力が必要です。この集中力は、ほかの人に向けるのではなく、自分に集中するとよいのです。

それは自分の内側を豊かにするということです。自分を豊かにして、その豊かさをまわりにシェアしていくのです。

その豊かさとは、自分勝手でない、セルフィッシュではない、みんなで分かちあう豊かさなのです。

余裕のない生き方ではなく、思いやりのある生き方をプラスしていくのです。

たとえば、難問の解き方をライバルが尋ねてきたら、こころよく教えてあげるとよいのです。そうすると、自分でもより明確に、その解き方が頭に入るはずです。

なにごとも、そういうふうに内側が豊かになって、目標を成し遂げると、やったという達成感が生まれて、満足感を覚えるようになるのです。

ところが、自分が目標を達成できなかった場合、他人《ひと》のせいにしたり、親のせいにしたり、社会のせいにする人もいるようですが、自分がやった分だけ、その結果が自分に返ってくるものです。

つまり、すべて自業自得《じごうじとく》ということなのです。

それがヒマラヤ秘教の教えの一つでもある「カルマの法則」です。仏教では「因縁《いんねん》の法則」といいます。

カルマは日本語では「業《ごう》」といわれ、行為のことです。人がおこなったカルマ（行為）は記憶され、次のカルマのアクションを引き起こすのです。

子育てで最も大切なこと

わが子がすくすくと成長してほしいと両親は願っていますが、一流の学校に進学して、高学歴の人間になってほしいと強く希望している親も少なくないようです。

親の心は子どもに反映します。「三つ子の魂《たましい》百まで」という諺《ことわざ》があります。それは生まれたばかりの汚れのない子どもが最初に触れ合う親の波動（エネルギー）が三歳までに影響を与え、染み込み、それを生涯引きずっていくということです。

たとえば親の競争意識が強すぎるあまり、人に勝つことばかり考えていると、子どもも学校でみんなを敵にするような性格になってしまいます。

毎日のようにわが子を学習塾に通わせて、勉強を強《し》いている親もいるそうです。一流の高校や有名大学を卒業すると、就職がいいとか、社会でいいポジションにつけると思っているのでしょう。

そんなふうに競争意識を強めるのではなく、子どもをよい性格に育てることがなにより大切です。激しい性格に育てると、人を傷つけたりする人間になってしまいます。すると、その行為が全部自分に返ってくるのです。これが前項で述べたカルマの法則です。

自分が勝つことばかり考えるのではなく、人と分かちあうという性格に育てることです。人が集まり助けあう、よりよいコミュニティに連れていき、奉仕をしたりお布施《ふせ》をしたりすることを、小さいときから学ばせるといいでしょう。人に親切にすることを学ぶようにします。

親の姿を見て、子どもは学んでいるのです。親がみずからそうした生き方をするとよいのです。

そして自分を愛します。自分を尊敬し、自分を信じて、相手を尊敬し、相手を信頼するということが重要なのです。そういうことを教えられる親になるよう、親は学んでいかなければなりません。

親がきちんと、なんのために生きているのかということを学んで、子どもに教えていくことが大切なのです。

親の立場であるあなたが、まずヒマラヤ秘教に学ぶと、自分を愛し、他人を尊敬する生き方を学ぶことができます。すると、いままでの競争意識の価値観を外して、愛の人になっていきます。ヒマラヤシッダー瞑想をすると純粋なエネルギーにつながって、そこからの祝福で自然とそうした人物になっていくのです。

ヒマラヤシッダー瞑想をして、いじめがなくなった

いじめが社会問題になっています。そもそも、いじめというのは、自分を責める気持ちが強かったり自信がなかったりする場合、そういう否定的な自分のエネルギーが相手のエゴを増幅《ぞうふく》させて、相手が自分を攻撃してくるものなのです。

また、人には本能的に警戒《けいかい》心があります。過去生からのキャラクターの影響もあります。親が子どもの話を聞かないことなどが影響をしている場合もあります。

そうした、いじめの背景や原因がわかったからといって、それを改善することはできないのです。それは心の癖《くせ》になり、自動的な動きであるので、心で直そうと思ってもできな

いのです。

親子で、奉仕や捧げる行為をするとよいのです。信仰を持ったり、奉仕をするなどして、小さいときから助けあいのコミューンなどに連れていき、お互いに思いやる性格がはぐくまれると、他人を恐れることなく自然に育つのです。

✴

私のところに、いじめの相談にきた親子がいます。小学生のその子にディクシャという、シッダーマスターからの高次元の神聖なエネルギー伝授をおこないました。

ディクシャにより深いところから浄《きよ》められ、整えられ、変容して生まれ変わり、恐れや混乱がなくなって不動の心になるのです。そして、聖なる音のヒマラヤシッダー瞑想秘法である「マントラ」を伝授したところ、翌日からいじめがなくなったという報告をいただいたのです。

マントラはヒマラヤ秘教では、深いサマディで発見された聖なる音です。マントラは仏教では「真言《しんごん》」といいます。

その子は小学校でほかの子たちと競争をしていて、いじめられていたのですが、その子が帰宅してから**ディクシャとマントラの聖なる波動で、恐れの心といったものが溶《と》けてな**

くなり、翌日から学校でいじめられなくなったのです。

じつはその子は、自分から、いじめられる波動を周囲に送って、いじめを引き寄せていたのです。

ところが、ディクシャを受けて、なおかつマントラの波動とともにいることで、自信に満ちたエネルギーの持ち主に変わったので、いじめられなくなり、昨日まではいじめっ子だった子どもの家に遊びに呼ばれて、それからずっと仲よくできるようになったのです。

マントラの波動は、子どもだけでなく、すべての人の心のブロックを外す力があるのです。それは神聖なエネルギーにつながるからです。

本人が無意識のうちに人間関係が苦手だと思っていると、つねに心につながり、自分の過去の体験につながるのです。不安や恐怖心を持っていると、それが引きがねとなって皮肉をいわれたりしてしまいます。

ヒマラヤシッダー瞑想の聖なる波動をいただくと、そうした心から離れて、まわりのネガティブなものを引き寄せないで楽になるのです。

ていません。

感謝の大切さを子どもたちに教える

だれもがいまだ、真理について実際に悟《さと》ってはいません。どの親も、そのことはわかっていません。

人の心には過去生からの記憶や、さまざまな知識や体験が蓄積されていて、その奥にある魂という存在、あなたを生かしめている存在が、心の曇《くも》りに覆《おお》われて見えなくなっているのです。

自分の深いところにあるその存在、源《みなもと》、真理について、だれも知らないのです。そして、それを知らないことで苦しんでいるのですが、そのこともわかりません。そのため、見える部分の事柄で生きることに一生懸命なのです。

それは、人としては当たり前のことなのですが、親はそうした私たちを生かしめている存在、真理を知らないので、外側から子どもの心を強めることに懸命です。物をたくさん持つことや、いい学校に行くことが肝心《かんじん》なことと思い込んでいるため、子どもも同じように思い込むようになってしまうのです。

ふつうならばシンプルに解決できるようなことが、親子にとってはお互いにこだわりがあり、自己主張するので複雑な問題になってしまっています。

このように、多くの人が、見えることしかわからないのです。そして競争主義に走ってしまい、見えるところで優劣の競争をするので、セルフィッシュな、心の自己防衛のやりとりをする嫌な感じの人になってしまうのです。

見えないところを浄めて、見えないところを整えて、こだわりのない人になることがヒマラヤ秘教の恩恵です。見えないところの浄化について学んで、わが子には、慈愛《じあい》を注ぐことや、感謝の大切さといったことを教えることが重要なのです。

人を助けることや、すべてに感謝し、嫌なことがあっても、それは学びとして感謝して、そうした実践《じっせん》で、子どもに感謝することの大切さをみずからが見せて、正しい生き方を伝えていくことが必要なのです。

親が干渉しすぎるのはよくない

親がわが子に、すべてに感謝することや、尊敬や信頼の大切さを教えることなく、ここが悪いとか、ここを強くしなければならないなどと、いつもあれこれ小言《こごと》をいって注意していると、子どもがおかしくなってしまうことがあります。

親はわが子によかれと思って、しつけをしているのですが、頑固《がんこ》というか厳格なあまり、子どもが萎縮《いしゅく》している場合もあるのです。

子どもが騒いでいる場合、叱《しか》らずに、愛をもって見守るほうがよいこともあります。親が干渉《かんしょう》しすぎてしまうのはよくありません。

親が厳しすぎる場合は、親自身に自分の小さいときの記憶などが残っているのかもしれません。

そうした親の厳しさを受けて神経質になってしまうと、親の顔色をうかがって、親の前ではいい子になったり、親と一緒でないときにだれかをいじめたりするといった、屈折《くっせつ》した性格になったり、あるいは、自信のない子になったりします。また親が道徳的なことを教えすぎて、それに反発する子もいるようです。

総じて日本人は、いつもきちんとしていなければならないとか、人の目を気にしすぎる傾向があるようです。多くの日本人は、周囲の人との調和とか、みんなの和を重視していますから、ふつうのことから逸脱《いつだつ》した行為は禁物だと思っているのかもしれません。

もちろんそれは大切なのですが、**もっと親の姿を見せるといいのです。それは人に親切にしている姿や、人を助けている姿です。親のそうした姿を見ることで、どうエネルギー**

を使ったらいいのかが子どもにわかるのです。

ところが、少なからぬ子どもたちが、親から、あれもいけないこれもいけないと言われて、閉じたエネルギーになってしまっているのです。

バランスがとれていない親たち

親が厳格でありすぎたり、干渉しすぎてしまうのはよくありませんが、だからといって、やりたい放題やることを認めるといった、非常識な放任主義ではいけません。

親が、バランスがとれていないと、子どもへの教育がきちんとできません。そして、子どもに干渉しすぎたり、その反対の放任主義になったりするのです。

しつけをするときも、本当の愛から発しているものであればいいのですが、恐れからの愛とか、競争心からの愛になっているかもしれません。本当に子どもを信頼していかなければならないのです。

昨今はきょうだいのいる子どもが少なく、また忙しい親が子どもを溺愛《できあい》したりして、利己的な愛を純粋な愛と混同している親がいるようです。すると、子どもを依存的にしてしまうのです。

ですから、親も正しい修行をしなければならないのです。もちろん子どもも修行をするのです。その結果、お互いに感謝して、小さいこと、ささやかなことで幸せになるのです。

＊

子どもや周囲の人に、すぐ怒り出すような人がいます。そうした人は、怒りの発散で行動を起こし、それが癖になってしまうのです。

嫌な人や、気に入らない人や、恨《うら》んでいる人を暴力などで攻撃するのは、人を傷つけてはいけないという自制心を失い、相手にやり返したときの快感を覚えているためです。ですから暴力をふるってスッキリしたくなるような人は、それをやりつづけてしまうのではないでしょうか。

子どもたちの場合は、だれかに愛されていなかった、ということで反抗をします。いじめや暴力などの問題を解決するには、みんながまわりの人を愛していくこと、そして大人が子どもたちを愛していくことが肝心だと思います。

なによりも親が、その子を愛していけるようにならなければならないのです。

カルマを克服して完全な人間になっていく

人間は霊性《れいせい》の存在ですが、生きるために食べ物を摂取して成長し、子どもを産んで育てていきます。人間だけが心を与えられ、それによってクリエイティブに物を創造して便利な世の中をつくってきました。

一方、怒りや無知が欲望をもって、それに翻弄《ほんろう》され、暴力をふるうなど動物のような行為をする人もいます。

そうしたカルマを克服して、人間として進化をしていきます。さらに理想は、最高の人間になっていくことです。それは神聖さを目覚めさせていくということです。

インドの哲学に「六道輪廻《ろくどうりんね》」という言葉があります。それは仏教にも取り入れられています。霊魂《れいこん》は不滅で、生まれ変わりをくり返し、死後は生前のおこないによって、地獄《じごく》道《どう》・餓鬼《がき》道・畜生《ちくしょう》道・修羅《しゅら》道・人間道・天道という六つの世界の一つに行くという考え方です。

もちろん、生前の生き方にも、そうした行動にも、そのエネルギーが現れています。**人生とは、そうしたカルマを克服して、進化していくことなのです。**

人間には、六道の畜生の性格もあります。気に入らない人に対して、平気で「こん畜生！」と怒鳴《どな》ってしまうような、怒りの性格が潜《ひそ》んでいるのです。

また、「修羅場」という言葉がありますが、暴力沙汰《ざた》を起こす阿修羅《あしゅら》のような闘争的な性格もあるのです。

（ちなみに「阿修羅／アスラ（Asura）」は、ヒンドゥー教などで「修羅／スラ（Sura）」という戦闘的な悪神とされていましたが、もともと古代インドでは正義をつかさどる最高神的な存在であり、仏教でもやがて仏法の守護者と見なされるようになりました）

お腹がすいてふらふらになりそうなとき、聖者ならば断食《だんじき》すればいいのですが、普通の人は「う～、我慢《がまん》できない」などと言って、餓鬼のように、手当たりしだいに食べてしまうことがあるかもしれません。

人間は意識が進化することによって、そうした餓鬼、畜生、修羅の世界から離れて、ようやく人間に進化できるのです。

＊

人間同士ではギブ・アンド・テイクの関係を持つようになっています。横の関係です。

人間には心の発達があります。そこに執着が生まれます。心が発達して便利なものをつくる一方、それが古くなり、ゴミをつくり出したり、地球を汚したりするということにもなります。また、豊かな人と豊かでない人が生まれ、苦しみが生じるのです。

人間は動物よりも苦しくないかというと、人間には苦しみを感じる心がありますから、人間のほうが心による葛藤《かっとう》があり、苦しみが増大するのです。だからといって、動物がいいというわけではありません。

心がある人間は、神になっていくことで進化できるのです。その修行を発見したのがヒマラヤの聖者なのです。それによって、神聖さを目覚めさせていくことができます。それは神のもとに還るアセンションであり、次元上昇ともいいます。神になる、本当の自分になるのです。

そうなるためには、抱え込むセルフィッシュな心から、シェアする心になっていくことが大切なのです。

進化するためにおこなう積極的な修行、それは悟りへの道、菩薩《ぼさつ》への道です。菩薩とは悟りを求め、人々を救うために、修行を積み重ねる人のことです。

菩薩になったら、もう自分は満ちているので、与えるだけの人になります。意識の進化によって、そうした人物になっていくのです。

輪廻転生しながら進化の旅をつづける

人間は「輪廻転生《りんねてんしょう》」しながら、天上の世界に向かって、進化の旅をつづけているのです。生まれて死んで、生まれて死んで、少しずつ進化しているわけです。人は、計り知れない年月を経て、いろいろな命の形態を体験して、進化してきています。

人生というのは、そのように進化して悟っていくことを目標にしているのです。ヒマラヤの聖者に会うと、ガイドをいただいて、その進化のスピードが速くなるのです。

人それぞれタイプや傾向や性格があって、だれも見ていないときに陰《かげ》で人をいじめたりする人もいます。だれも見ていないときに陰でよいことをする人もいます。窮地《きゅうち》におちいったとき、自暴自棄《じぼうじき》になるような人もいれば、周囲が唖然《あぜん》とするような力を発揮する人もいます。

同じ人間でも、その人のカルマによって、行為の違いがさまざまに出てくるわけです。人間はそれぞれの違いで、その人にとっての必要な成長の仕方をしているのです。

いまだに真理を知らないので、自己防衛をしながら変化していくのです。いまだ、この真理を知らないのですが、ほとんどの人がそうなのです。

ヒマラヤ聖者に会って修行をすると、そういう性格とか、ＤＮＡが浄化され、変容していきます。カルマを反省し、気づきをもってそれを克服することができるのです。

意地悪な性格の人の原体験

学校の成績でも、オール５の人もいれば、オール１の人もいます。人間の性格も、本当によい性格の人もいれば、みんなをいじめる性格の人もいるようです。

いじめてしまう性格の人たちにも光は与えられているのですが、まわりの人が怖がって愛することができないわけです。すると、ますます腹を立ててしまう悪循環におちいってしまうのです。

みんなをいじめる悪い性格の人には、いじめられた原体験がある人が少なくないようです。**そうした否定的な体験があると、どうしても人のいいところが見えなくなり、卑屈《ひくつ》なエネルギーになってしまうのです。**

そうした体験の記憶が影響して、そこにスイッチが入りやすく、自分では心のコントロールができないのです。心を切り替えようとしても、そうすることができないのです。

マントラを伝授していただいて修行をしたら、いじめられなくなったという実例を、先ほど記《しる》しましたが、ヒマラヤ聖者から高次元のエネルギーをいただくことで、その悪い循環を断ち切ることができます。それはヒマラヤ聖者を橋とした神の祝福だからなのです。

人は「あれが足りない、これが足りない」といろいろな不平不満にとらわれています。それにとらわれればとらわれるほど、自分はそれと同化しているのでわからないのですが、低いエネルギーをつくり出すのです。

そうしたことにとらわれず、よい心を選択して、マントラを授けていただくと、すべてがよい方向に変わりだすのです。自分の不平不満や、否定的な思いのエゴから離れていくことができるのです。

いいエネルギーにつながることができ、気になることが気にならないで、どんどんよい方向に導かれていくのです。

◆子育てが楽になりました

ヨグマタジと出会う前は、子育てに家事に一生懸命でしたが、いつも疲れていました。やさしいお母さんでありたいと思いながらも、子どもに自分の考えを押しつけていたり、自分が親にされて嫌だったことを子どもにもしてしまったり、突然カッとなって怒ってしまったりしていました。そして、そういう自分を変えたいと思いながらも、変えられずにいました。

そんなとき、ヨグマタジと出会い、瞑想をはじめました。

瞑想をはじめてしばらくすると、不安からいつも先々まで考えていることが少なくなり、安心して過ごせるようになりました。イライラすることも少なくなり、子どもからも「怒らなくなったね」と言われるようになりました。

以前は愛を出すと疲れてしまうと思っていたのですが、瞑想を通して自分が満たされていき、自然と子どもにやさしくできるようになりました。

そうして自分が変わってくると、子どもも素直になり、家族に笑顔が増えてきました。

瞑想とあわせて、子どもへの声かけなど、日常のいろいろな場面でヨグマタジの教えを取り入れるようになりました。

ヨグマタジの教えはわかりやすく、真理の教えなので、子どもの日常のどの場面にも当てはまりますし、親が「こうあるべき」「こうしたほうがいい」といった希望や考えから話すよりも、子どもとして納得のいくもののようで、素直に受け入れられるようです。

おかげで、私自身に確かな指針ができ、ブレずに愛をもって子育てができるようになりました。

ヨグマタジに出会う前は、子どもの心配なところや、いまよりもっと……と欠けたところに目がいっていたのですが、瞑想を通して、私自身がいまをOKと感謝できるようになり、いまのあるがままの子どもを愛し、子どもを見守ることができるようになりました。

愛とはなにかを教えてくださったヨグマタジとの出会いに感謝しています。

（S・Y　42歳　女性）

◆職場環境が劇的に変わりました

私は三年前に、職場の上司との関係がうまくいかなくて、疲れ果てていました。また、将来の仕事内容の変化について心配が尽きず、疲労困憊《こんぱい》していました。

ヨグマタジにディクシャをいただくと、急に、それまで見えていなかった自分のいたらなさが見えてきて、上司に感謝できるようになりました。すると、上司の対応が徐々に改善されました。

そして、つい先日、その上司がご自分の都合で退職されました。

また一年前に、すばらしい人格の持ち主で、仕事内容の変化に対応できる条件を備えた方が、同じ部署に配属されました。このことで、将来の仕事の不安が一気になくなりました。まるで奇跡の人事です。

私はディクシャをいただいて、コツコツ瞑想をつづけ、ときどきプログラムに参加することによって、職場の人事において完全に希望が実現しました。

ほかにも精神面・健康面・家族関係などで、たくさんの書ききれないほどの恩恵をいただいています。

ヨグマタジ、いつもお守りいただいて、ありがとうございます。（Y・K　51歳　女性）

第3章　大切なのは内側を浄めること

――内側を浄めるには、肯定的な人になることが肝心です。行為が否定的だと心も否定的になり、否定的なカルマを積んでしまいます。

楽しんでやるレベルからアップする

一生懸命作業などをつづけ、疲労困憊《こんぱい》してガンになってしまう人がいます。無理して働きすぎて鬱《うつ》になってしまう人もいます。がんばるあまりハイになって、エネルギーが尽きてしまう人もいます。

いま、世の中では、「自己啓発」とか「ポジティブシンキング（積極思考）」とか「引き寄せの法則」といったことに熱心になりすぎて、バランスをくずしたり、鬱になったりする人が見受けられます。

よく、希望を実現するためには、「わくわくしてやることが大切だ」といわれます。そういうふうに楽しんでやることも大切ですが、進化して、その段階よりもっと上のレベルにいく必要があります。

なぜなら、**自分でわくわくしてやっていると、欲がどんどん膨《ふく》らんで、やりすぎてしまうからです。**前は苦しかったけれど、今はわくわくしてやっている場合、なにか限界の枠が外れたのか、パワーがないまま、また消耗《しょうもう》しているという感覚も麻痺《まひ》したまま、今度はやりすぎてエネルギーを使い果たしたかのように鬱になってしまうのです。

人には自動制御《せいぎょ》装置とでもいうべきものがあり、心が「そういったものは嫌い」と反応して機能するのですが、なんでもわくわく・ポジティブとなると、その加減が自分でわからなくなるのです。そして、自分で心とエネルギーのコントロールができないことになってしまうのだと思います。

スイッチが入ると、ずっとそれが働きつづけ、スイッチをオフにできないのです。本来、コントロールができていた自然の流れがあるのですが、あまりにスピードアップした現代社会では、潜在能力の開発など科学の研究が進んだせいで、本来のバランスが崩れることもあるのです。

それは真理のレベルからではない開発であり、中途半端なので危険性があるのです。その結果、エネルギーが上がったり下がったりして翻弄《ほんろう》されるのです。

また嫌なことを避けて、「楽しい、好きなことだけをやりましょう」という考え方も聞きます。しかし、これでは、楽しみすぎて、エゴが強くなってしまい、一時的にはいいのですが、アンバランスになってしまうのです。ですから、そのレベルを超えていかなければなりません。

好きなことだけやればいいという考え方は、そこに力を注いで、元気になるきっかけになるので、問題のない場合もあるのですが、けっして十分ではありません。そうしたことでは、自分も、また社会も偏《かたよ》ってしまいます。

やはり嫌いなこともやっていかないと、社会は立ち行かなくなります。嫌いなお掃除もしなければいけないのです。

希望を実現するためには、そのプロセスで、バランスのとれた心を保つようにすることが大切なのです。

ヒマラヤ秘教の教えで、あれが嫌いだという執着《しゅうちゃく》や、とらわれや、価値観を浄化することで、物事は学びであると理解でき、感謝できる人に変容していくことができます。好きだ嫌いだという区別する心や、否定的な心にとらわれない人になっていき、意識を進化させていくことができるのです。

潜在意識はスピードが速い

修行をはじめた人に、これまで潜《ひそ》んでいたもろもろのよくないもの、カルマがパンドラの箱を開けたように、突如現れたり、動き出したりすることがあります。

心の奥の潜在意識にあった種々雑多な汚いものがオープンになって、浄化として表層の顕在意識《けんざい》に現れるというわけです。

潜在意識というのは、見えないところのエネルギーです。肉体でおこなうことは時間がかかるのですが、マインドには驚異的なスピードがあって、一生分の記憶を五分ほどで思い出せたりします。

潜在意識という、体がない部分のエネルギーというのは、スピードが速いのです。ですから、よいことも悪いこともすぐに起きるのです。

なにごとにもプラスとマイナスがありますが、**その人のエネルギーの状態が強まると、ポジティブなものはさらにポジティブになり、ネガティブなものはさらにネガティブになってしまう傾向があります。**

高次元の存在を信じること、本質の自分を信じたら、どんどんいい方向に進むことができるのです。しかし、心につながって否定的になると、疑いや不安や心配などがもっと大きくなってしまうのです。

ですから、修行の道を歩むには純粋な存在、悟《さと》りのマスターが必須です。そうしたカルマの浄化で起きてくる現象を安全にガイドし、早く浄化してくれるのです。

修行にあたっては、まず潜在意識がなんなのか、顕在意識がなんなのかを知っていかなければなりません。人の心の深いところにある潜在意識は貯蔵庫のようになっていて、いままでの膨大《ぼうだい》な体験の記憶や知識が蓄積されています。それを解放して浄《きよ》めるのが悟りへの修行です。正しいガイドのもとになされないと、なにが潜んでいるかわかりません。同時に信仰心をもって浄化していくことが大切です。

つねに真ん中にいる

いいことがつづいて、それでエネルギーが消耗《しょうもう》してしまうという場合もあります。そういう、いいこと尽くしのときは、いろいろなエネルギーが、最高のコンディションで、ちょうどいい具合にあって、希望が実現しているのです。

ところが、ヒマラヤ秘教の修行をした人は、エネルギーが消耗することがないか、あるいは消耗してもすぐに充電されるのです。

修行した人は、つねに心を自分でコントロールでき、心に振り回されないのです。

そうではない人は心につながって動いてしまい、心が偏ったところにいるので消耗するのです。運よく集中がよくできて物事がうまく運んでも、それは心でおこない、有限のエネルギーでおこなっているので、後でどっと疲れるのです。

ふつうはだれもが心を使って、心と連動して働き、カルマに振り回され、迷ったりしながら生きています。そして無意識に自己を守る選択をしているのです。

「過ぎたるは及ばざるがごとし」ということわざがあります。よいことでも、自分が好きなことでも、それのみをおこなってがんばったり、欲をかきすぎたり、心配したりして、いろいろな心をもってやりすぎると、そこが疲弊《ひへい》して回復しないこともあります。**人生ではすべて、心や体をほどよく使ってバランスをとり、中庸《ちゅうよう》、つまり、バランスのよい真ん中にいることが大切なのです。**心は、つねに過去か、未来にいます。心の真ん中にいるためには、無心になるとよいのです。

そうした生き方を学びます。いつもバランスをとって、充電して行動するようにします。**そして、無限のパワーの存在、心を超えた源《みなもと》につながるのです。**

ヒマラヤ秘教の修行は、そこにつながって初めて許可が下ります。ディクシャは源につなげるためのエネルギー伝授です。

あなたを生かしめている存在、動かない存在につながっていくことが大切です。そして見えない存在を信じるということです。

そこは永遠の安らぎの世界であり、心を超えた世界であり、そこにつながり、さらにそ

れと一体になっていく歩みをすることです。

それは、あなたの中が満ちるということのです。あなたはもともと、そこから送られた存在であり、そこに還《かえ》りたいという、深い願いがあるのです。そこにつながるのは依存ではなく、きわめて自然なことなのです。

内側からパワーが湧いてくる

お酒がやめられないという人がいます。そうした人は、お酒を飲んで、マインドを麻痺《まひ》させて、楽にしようとしているのです。

ところが、それは内なるパワーを目覚めさせているわけではありませんから、逆にマインドを鈍《にぶ》く、タマス（重たく濁《にご》ったエネルギー）の状態にして、ネガティブにするのです。酔うと、ぽわっとなって、そのときはリラックスするのですが、アルコールで肝臓に負担がかかり、だるくなったり疲れてしまったりして、気分が落ち込んでしまうことが少なくありません。

ヒマラヤの恩恵は、本当の自分につながっていくパワーをいただき、幸せになっていく道です。ディクシャという高次元のエネルギー伝授で、ストレスで苦しい心を切り離し、パワーをいただくのです。

するとと自然に心から離れて、心を使わなくなり、リラックスして休めることになります。**信頼することで内側からパワーを引き出して、内側からパワーが湧《わ》いて、エネルギーが充電されて、体がリフレッシュして不調も治っていくのです。**

これは本当の自分になっていく、悟りへの道です。源、神を信じることで、パワーをいただき、よけいな力が抜けて、楽に生きていくことができるのです。

自分と同質のものを引き寄せるわけ

よく、欲に走ると悪いものを引き寄せるといいます。

人は欲望を生きようとして、いろいろなものを知りたがります。また欲望が出ると、体を使って、それを手に入れようとします。ところが、欲しいものが得られなかったり、希望することが成就《じょうじゅ》できなかったりすると、悔《くや》しいとか、苦しいとか、悲しいといった思いにおそわれます。

そうしたネガティブな心が癖となって、同じクオリティの、よくないものを引き寄せることになってしまうのです。

自分はダメな人間だなどと思っていると、その思いのとおりに、ダメな現象が起きるのです。

感謝をすると、よい出会いがありますが、自分の心が否定的ならば、同じような否定的な心の人を引き寄せるのです。「類は友を呼ぶ」ということわざがありますが、それは自分と同じ質のものを引き寄せるということです。

このように、**心には磁石《じしゃく》のような、引き寄せる性質があるのです。**

それを活用して、こういうものが欲しいと願ったら、そういうものをつくりあげることもできます。ですから、相手の幸せのためと思って、きれいな心でつくっていくことが大切です。

自分のセルフィッシュな願いでつくったり、自分だけのものをがむしゃらにつくったりするのではなく、みんなが幸せになるようにと思ってつくるとよいのです。

つまり、**欲望をきれいにして、人が喜ぶような純粋な願望にしていくことが、人生では肝心なのです。**

生きるという欲望はつねにあります。その欲望を進化させ、自分が幸せであるとともに、みんなが幸せになるために生きるのです。**自己防衛で生きるのではなく、自分のためだけ**

に生きるのではなく、人を幸せにしていくために生きるのです。

悟りへの道は、あなたの願いを浄化して、意識の高い願いにして、みんなの意識を高め、幸せにしながら悟りを目指すのです。

高次元のエネルギーによって変容する

陶器や磁器の作品をつくる陶芸では、質のよい粘土《ねんど》を念入りにこねて形をつくり上げ、熟練の火加減で、高温で一定時間焼くことによって、より品質のよい焼き物を完成させることができます。

人間についても、そうした焼き物づくりと同じことがいえます。

心と体を整えて磨《みが》き上げ、高次元のエネルギーを浴びることで、積み重なったストレスなど、カルマの汚れが溶けて純粋になり、まったく質の違った人に生まれ変わるのです。

それを「変容する」といいます。そうして本来の純粋な元のところ、つまり創造の源に還っていくことができるのです。

そのように内側を変えていくことができるのが、ヒマラヤ秘教です。ヒマラヤ聖者は死をかけて内側を変容させ、人を幸せにする力を得たのです。

その恩恵で、みなさんは心身を浄めて変容することができます。ただなにもしなければ、どんなに年月が経過しても変容することはありません。

六道輪廻《ろくどうりんね》といって、人は何生《なんしょう》も何生も何生も、生まれて死んで生まれて死んで、少しずつ進化の旅をつづけているのですが、心と体を使った行為はカルマとなります。たとえよいカルマであっても、それはエゴとなって蓄積し、真理から遠くなって、神の恵みを受けられないのです。

「五つの元素」と「三つの性質」

宇宙には万物を構成している「五つの元素」があります。土のエネルギー、水のエネルギー、火のエネルギー、風のエネルギー、空のエネルギーの五つです。

物質にはいろいろな性質があります。重いものは引力にひかれて、見えないところから形が現れてきたのです。その土は重く、空は軽いといえます。

小宇宙と呼べる私たちの体も「五つの元素」で構成されています。それらには、いろいろな不純物が入っていて、純粋な土、純粋な水などではなく、汚れた土もあれば、汚れた水もあります。そのほかの元素も同様です。

それらの元素には「三つの性質」があり、それぞれの呼び名があります。

重たく濁っているエネルギー「タマス」
活動的なエネルギー「ラジャス」
純粋なエネルギー「サットヴァ」

そして、この三つの性質、つまりクオリティを「グナ」といいます。

宇宙も人体の小宇宙も、そういう物質の性質が混在して働き、それが生きる助けになっています。人はさらに肉体の構成要素に心の働きが加わり、その性質に、カルマのクオリティが積み重なっていきます。

そして、いままでのカルマによって、またキャラクターによって、それらが濁っていたり、純粋であったりするのです。つまりストレスを積み、怒ったり、恨《うら》んだり、悲しんだり、苦しんだりして、怒りや怨念《おんねん》などが積み重なっていて、五つの元素や三つの性質が濁っているのですから、それらを浄める必要があります。

キャラクターの違いによって体験が違い、そしてカルマの違いが出てくるので、それら

を浄化して意識を進化させて、変容して生まれ変わっていくのです。

浄化には、外側の修行と内側の修行があります。

外側の修行は、よいことをおこない、よいカルマを積むことで、五つの元素を浄めます。そしてエゴを落としていくのです。

さらに内側の修行、つまり瞑想修行をすることで、そうした元素や性質を純粋にしていくことができます。つまり質がよくなり、サットヴァになっていくのです。

信仰をもって修行をつづけることで変容し、よりよい人格になり、さらに悟っていくことができるのです。

エネルギーのバランスが崩れていると病気になりやすい

体のエネルギーには、クンダリーニーのエネルギーとか、内側のエネルギーがあります。そしてナディというエネルギーの通り道が七万二〇〇〇本あります。

心を使ってエネルギーが混乱したり、偏って使って不活性になったりします。さらにエネルギーが消耗して、体が冷たくなったりします。そうしたことで、エネルギーが正しく使われていないことがわかります。

これらのエネルギーを、修行で浄化して整えていきます。さらにはエネルギーのセンターを浄め、そこからエネルギーを引き出せるようにしていきます。

冷えて体が冷たかったり、病気になったりしたときは、昔の人は白湯《さゆ》（水を沸騰《ふっとう》させ、少し冷ましたもの）を飲んだり、鍋料理を食べたりして、体を温めたものです。また足湯をして、血液の循環をよくしたものです。

熱が出たら冷やし、血が多い人は血を抜いてバランスをとろうとしました。

そういうふうに、バランスをとるようにして、多すぎるものを取り除き、少ないところを補っていくとよいのです。

ヒマラヤ秘教の実践《じっせん》は秘密の教えであり、悟りを目指すものです。そのために源につながり、そこに向かうのです。内側を浄め質を変えていき、バランスをとってさらに進化させて生まれ変わるのです。

それには五つの元素を浄め、また音と光を浄めて源に向かいます。火の要素も活性化して浄まり、全身が目覚めます。

心身を純粋にして、元の状態にリセットしてゼロの状態をつくり、生まれ変わっていきます。そのプロセスで、不活性な箇所は活性化され、興奮しすぎているところは鎮《しず》めます。

体が冷えているときは、目覚めさせて火のエネルギーを起こして燃やし、血行をよくして、さらに全身に気が回るようにしていきます。

そして見えないレベルの、神、高次元のエネルギーにつながり、癒《いや》され、全身がよくなるのです。それはシッダーマスターからの祝福というエネルギーで「アヌグラハ」といいます。全体を整え、すべてを創る神につながり、それと一体になっていくための、悟りへの道です。そこからのパワーで癒されるのです。

シッダーマスターは心身を浄め、変容してそれを超えて源に還った、悟りのエネルギーを持ちます。それは人々のカルマを浄め、意識を変えて命を救済する力、つまり進化させる力なのです。それがあなたを暗闇から光に導き、苦しみから解放するのです。

エネルギーがすべて整うと、その中心にあるのがクンダリーニというエネルギーです。それは、いまだ目覚めていない源へのエネルギーです。ヒマラヤ聖者によって、そうしたエネルギーも目覚め、浄められ、悟りへと導かれるのです。

コークスをダイヤモンドに変える

人は一生懸命生きていながらも、自己防衛の心がさまざまなこだわりを生み、ストレスをためて頑固《がんこ》になっていきます。そこには、生きることの苦しみがあります。死や病気や老いと貧しさがあります。

しかし、だれもがそこから抜け出し、生まれ変わることができ、人生を幸せに豊かに、美しく生きることができる秘密の教えがあるのです。

その道がシッダーマスターによって解き明かされていきます。それは、人の内側を輝かせ、ふつうの人から聖者になる道です。心と体と意志があれば、それが可能になります。

本来、心身の内側の見えないところは、だれも浄めることができません。また内側が全部カルマで曇《くも》っているのですが、そのことに気づかない人が多いのです。

ヒマラヤ秘教の修行をして、心身を純粋にしていくことで、浄まっていきます。すると、内側の源になにがあるかということが見えてきます。その源へのルートも開かれて、そこと一体になっていくことができるのです。

そういうふうに内側を浄めて、濁った鈍いものをも輝かせるのです。つまり、コークスをダイヤモンドに変えるのです。

✶

いままで暗闇をつくっていた生き方は、自己を守る、とりあえずの欲望を叶《かな》える、セルフィッシュな生き方でした。それは希望の成就にはつながりません。苦しみをつくり出していくものです。

それらを浄めていくには、行為から浄めていきます。欲をかいて奪《うば》うと、また暗闇をつくります。執着《しゅうちゃく》を取るために人を助け、善行をするのです。そのことが、最も大切です。

内側を浄めるには、肯定的な人になっていくことが肝心です。行為が否定的だと心も否定的になり、否定的なカルマを積んでしまいます。

エゴを取っていくには、まず捧げる生き方をすることが大切です。それはお布施《ふせ》と奉仕です。それが修行の最初のステップにくるのです。エゴを落とす修行になっていくのです。すると、内側を浄めた結果を維持しながら、さらに輝いていくことができるのです。そうした順序でおこなうことが、自分を解放していくには欠かせないのです。

ただ浄めても、外側が元のままだと、元の木阿弥《もくあみ》になってしまいます。

みなさんは自分を守る気持ちが強いので、もっとお任せして捧げていく回路に変えていくことが大切なのです。反対の回路をつくるのです。人は最初に、自己を守ることを学習してしまったのです。これからは、神とともにあり、つねに守られ、捧げていくことをおこなうのです。

エゴを落とし、ヒューマニティを進化させ、神性な人になって、人を幸せにすることにエネルギーを使っていくのです。そのことが大切なのです。利己的な欲望の満足から、みんなを幸せにしていくという希望に向かっていくのです。暗闇ではなく、光に向かって、みずから足を踏み出すのです。

本当の希望というのは、明るくて愛に満ち、喜びにあふれているのです。不安がなく、思ったことが成就したら、まわりの人が幸せになっていくものです。そういう、本当に豊かな自分になるための行動が、高くて大きな希望になるのです。

みんなの意識のレベルが高くなり、嘘《うそ》がなくなり、意地悪な人もいなくなり、みんな愛の人になり、平和な人になっていく、そうした世の中になるように願うことが、本当の希望なのです。

ヒマラヤ聖者が発見した実践的な浄化法

宇宙では、いまこの瞬間も、星が新しく誕生していますが、その一方で消えていく星もあります。太陽は朝になると昇り、夜になると沈み、月の光が差し込んできます。人間も動物も植物も、太陽の光と月の光によって生かされています。太陽は活動のエネルギーであり、月は癒しのエネルギーです。そのように陰陽《いんよう》で働きます。そして、そのリズムをもとに、人間も動物も植物も生かされて成長しているのです。

ヒマラヤの聖者は、宇宙を観察して、

「この宇宙を創り出した存在は、どういう力によって創られたのか」

「すべてのものは、なぜ生まれて、成長して、死んでいくのか」

といったことを探究しました。そして私たちの存在について、

「そもそも、つねに変化する心とは、いったいどんなものなのだろうか」

「エゴとはなんだろうか」

「どういう仕組みで老化が起きるのだろうか」

といったことを、実際に修行することで体験して悟っていったのです。

実際に瞑想して究極のサマディに達し、真理を悟ったのです。

ヒマラヤ聖者は深い修行を重ね、五つの元素とさらに音と光のエネルギーを加えた、全部で七つのエネルギーを順次浄めて、それを超えて意識を進化させ、真理を悟る道を発見したのです。

ヒマラヤ秘教は、七つのエネルギーとそれぞれの体に混在する三つの性質、つまりタマ

スという暗性の性質や、ラジャスという活動的なエネルギー、サットヴァという純性のエネルギーの混在する性質を、できるだけ全体をサットヴァの純粋なエネルギーに変容させて透明にしていき、究極のサマディへと向かうのです。

それに向かう教えと秘法は、本当に秘密の教えです。悪い欲望のある人に伝わったり、宇宙の真理を悪用されたりすることは固く禁じられています。ですから長いあいだ公開されていませんし、いまなおそうです。本当に正しく使う人のみに口伝《くでん》で授けられるのです。

またシッダーマスターなしには、その道を実践するのは不可能です。それを体験した、究極のサマディマスターにのみ、それをガイドする力があるのです。

希望実現の体験談③

◈内側が安定し、理想のパートナーと出会えました

初めてディクシャを受けてから七年半、めまぐるしい変化を体験しました。過去の私は

といえば、自信がなくて自分のことが大嫌い、それでいてプライドが高くて傲慢《ごうまん》で怒りっぽく、そのくせ神経質であがり症、まわりの目ばかり気にして疲労困憊《こんぱい》、肩こりもひどく不眠がち、というありさまでした。

いつも、そんな自分をごまかすために、お酒や彼氏に依存して、なんとか自分を保っていました。そんな自分を変えたい一心で、ヒマラヤシッダー瞑想をつづけてきました。

いまはそのほとんどが解消され、幸せのなかにいます。自信が持てるようになり、自分のことが好きになれました。

腹が立つこともなくなり、人前でも緊張せずに話ができるようになりました。体の不調もやわらぎ、リラックスして日々を過ごしています。

そしてなによりもうれしいことに、私が幼い頃から望んでいた最高のパートナーに出会いました。だれと付き合っても不足ばかりを見つめてしまう私でしたが、いまのパートナーには、不思議なくらい不足を感じません。幼い頃から家庭の幸せに恵まれなかった私ですが、理想として思い描いていた以上の幸せに包まれています。

そしていまは、仕事の夢を叶えるべく、日々を過ごしています。この変化と成長は、この体がある限り、ずっとつづいていくんだろうと思っています。ヒマラヤシッダー瞑想に出会えて、私の人生はめざましく変わりました。

（Y・M　43歳　女性）

◈不眠が解消し、慢性的疲労感がなくなり、体が軽くなりました

ヨグマタジと出会う前の私は、仕事で疲れ果て、やつれていて、エネルギーが消耗していました。

そしてエネルギーが消耗しているのに、頭はいつも考え事でいっぱいで、緊張状態がつづいて、ストレスで不眠に悩んでいました。

癒《いや》しを求めて、疲れを取ろうとして、そして心から元気になりたいと思い、さまざまな、癒しの場などに足を運びました。それは、アロマテラピーや、温泉や、ヒーリング、神社、自己啓発系のセミナーなどです。

しかし、それらは、その場しのぎの癒しであって、なにをしても、真の効果はありませんでした。

ところが、ヒマラヤ大聖者・ヨグマタジと出会い、エネルギーの伝授をしていただき、ヒマラヤシッダー瞑想をさせていただくうちに、不眠は解消し、すっかり元気になり、いつの間にか慢性《まんせい》的疲労感もなくなりました。

睡眠時間が短いときでも、深い眠りにつくことができ、翌日も一日中疲れを感じません。疲労の回復も早くなっています。

心と体が癒されていることを感じ、いつも安らいでいて、ストレスは解消されました！

ヒマラヤ大聖者・ヨグマタジからの祝福をいただき、深い愛により、幸福感が満ちていて、元気だった昔よりも、若い頃よりも、体が軽くなりました。疲労回復のために温泉に行きたいと思うこともなくなりました。

ヨグマタジからの恩恵により、まったく新しい体になっています。

ヨグマタジが、いつも、「お守りしていますからね」とおっしゃってくださいますが、本当に、そのことを実感しています！

ありえない奇跡をいただいて、あらゆる人生への希望が、確信になっております。

シッダーマスター・ヨグマタジとのご縁をいただきましたことに、深く感謝いたします。

（H・H　56歳　女性）

第4章

実現する力、変容する力

――完全な人間になる道の段階を上がるにつれて、本当の希望実現のために、なにを選択したらよいのかという智恵が生じてくるようになるのです。

依存症の人は、バランスが崩れている

人は自己を知らないのです。体と心は、見えたり、考えていることがわかったり、それを感じ、それを使っていて、それが自分と思っています。その欲望に翻弄《ほんろう》されています。ヒマラヤ秘教の修行に出会わないと、自分はずっとマインドにつながっていることになります。それではつねに消耗し、希望の実現は困難になってしまいます。

気持ちがむしゃくしゃすると、やけ食いをしたり、やけ酒を飲んだりする人がいます。そうして、心を落ち着かせようとしているのです。ところが、つねに心が不動で平和であって、気分を害したり、腹を立てたりしなければ、そんなことをしなくてもすむわけです。

「むちゃ食い」や「どか食い」が抑えられないような人の場合は、食物依存症になっているのです。また、不要な買い物をつづけている買い物依存症の人や、ギャンブルがやめられないギャンブル依存症の人も少なくありません。タバコ依存症の人もいます。

最近はネット依存症やゲーム依存症と呼ばれる人もいて、社会問題になっています。

こうした依存症の人は、なにかにはまって度が過ぎて、やりすぎているのですが、そこに逃げて満足を求めようとしているのです。それをやることが体や家計、いろいろなバラ

ンスを崩すことであっても、ストレスを発散させて、エゴの苦しみを解消するという別のバランスをとっていることを示しているのです。

依存症といわれるほどでない人も、みな日常生活でなにかにこだわりすぎ、度がすぎて、**バランスが崩れてしまっている実情があります。**人には癖《くせ》があり、執着《しゅうちゃく》があるため、それによって屈折《くっせつ》して、心がうろうろし、あれこれ思い惑い、自分を正当化するのです。

次に解説する「ヤマ、ニヤマ」は、**日常生活での心と体の使い方を正していく規範です。**それをつづけていくと、心と体が整い、満足するようになり、さまざまな欲望が溶けて、日常生活のバランスもよくなり、人生が変わっていきます。

そしてさらに、内側の真理、サマディの悟《さと》りに向かうようにするのが最高です。

ヨガの「八支則」で意識を進化させる

「ヤマ、ニヤマ」という規範は、ヒマラヤ秘教の入り口の教えです。ヒマラヤ秘教は真の悟りを目指す実践《じっせん》の哲学であり、その行《ぎょう》は真のヨガでもあります。

まず、源《みなもと》の存在につながり、パワーをいただきながら外側の行為を浄《きよ》めていきます。そして段階を追って、体と心を使って、すべてを創り出す存在、すなわち神と直接に出会っていくのです。

真のヨガには、「八支則《はっしそく》」というものがあります。段階を追って、八つの教えでそれぞれのエネルギーを浄め、意識を進化させ、クオリティをよくして、完全な人間になる道のことです。

「ヨガの八支則」は、次のような八段階（ステップ）を示しています。

第一のステップ「ヤマ」（禁ずる戒《いまし》め）
第二のステップ「ニヤマ」（勧める戒め）
第三のステップ「アーサナ」（体を整えること）
第四のステップ「プラーナヤーマ」（気と心をコントロールする呼吸法）
第五のステップ「プラティヤハーラ」（感覚をコントロールすること）
第六のステップ「ダラーナ」（精神統一法）
第七のステップ「ディヤーナ」（瞑想《めいそう》）
第八のステップ「サマディ」（悟り、三昧《さんまい》）

これらは、ヒマラヤ大聖者、シッダーマスターからの祝福と秘法の伝授を受けて、安全に正しく学ぶことができるのです。

ヒマラヤ聖者は真理の体現者

インドには一億人もの出家修行者がいます。その方々は、神を信じ、神に出会いたい、真理に向かいたいと、すべてを捨てて聖なる生活に入り、人生の最高の目的を持って生きています。そうした人がいるので、混沌《こんとん》としたインドには救いがあります。つねに神を愛し、神に出会えると希望を持っているのです。

さらに、出家修行者を支えるすべての人は神を信じ、神を愛し、そこに希望を見いだしています。インドには精神性があり、みんなが神を信じ、神に向かうために善行をしたいと思い、そして実践《じっせん》しています。

神に詫《わ》びて神に願っているのです。シッダーマスター、グル（神様につなげるマスター、精神的指導者）を愛し、グルを尊敬するのです。そうした土壌《どじょう》があるのです。ですから利己的な欲望を、神を愛し捧げるほうに向けることができるのです。

多くの人が生活を維持《いじ》するために、生きるために、ただ心や感覚の喜びを求めています。

しかし、自己に出会わないと、そこにつながらないと、いくら楽しい思いをしても、奥深いところの寂しさやむなしさ、恐れは埋められないのです。それを解決することが真理につながり、それを実際に体験するのが真理への道なのです。

＊

古来、宇宙の不思議について解明するために、多くの科学者や哲学者が現れました。偉大な発明家や発見者がいます。アインシュタインも深い瞑想をして、深遠な物理学の法則を発見しました。昔の偉人は深い瞑想、サマディをおこない、いろいろな智恵を発見したのです。

すべての叡智《えいち》は、深いサマディによってわかります。神と一体になっていくことで、神が創られたすべてのものについて、それがなんであるかがわかるのです。

人間はいったいどこから来たのか、なんのために生まれてきたのか、この体とはどんなものなのか。そうしたことのすべてを悟っていくことができるのです。

ヒマラヤ聖者は真理を悟ることで、時間とはなにか、空間とはなにか、宇宙とはなにか、物質とはなにかということを解明したのです。深い瞑想によって、物事の理《ことわり》を発見したのです。そうして、偉大なリシ（聖者）を多く輩出《はいしゅつ》しました。

また、人類はいろいろな望遠鏡や顕微鏡《けんび》を発明し、見えないものをさらに解明しようとしてきました。遠くのものを見たり、近くのものをさらに細かく拡大して見たりして、そこになにがあるのかを発見していったのです。

ヒマラヤの聖者は、自分の源にさかのぼり、究極の悟りを体験しました。さらに、人間についての神秘が解明されました。私はそれを体験し、みなさんに真理への道をシェアしてきました。

ヒマラヤの奥地で、私は究極のサマディの修行を重ね、死を超えて真理になりました。永遠の存在になったのです。それがヒマラヤ秘教です。

ヒマラヤ秘教は、師から弟子に口伝《くでん》で伝えられていきます。それは秘密の教えであり、真のヨガです。真のヨガは自己の悟りに向かうための修行法であり、実践法なのです。

「ヤマ、ニヤマ」で、浄まった慈愛の人になる

真のヨガの実践にあたって、指針となる八支則の第一のステップであるヤマ（禁ずる戒め）は、行為を浄めていくことです。

ヤマは「（毎日の生活のなかで）してはいけないこと」という意味です。

・暴力をふるわない（非暴力）
・嘘をつかない（誠実）
・盗まない（不盗）
・やりすぎない、溺《おぼ》れない（不過度・禁欲）
・貪《むさぼ》らない（不貪《ふとん》）

という五つがあります。ヤマとはよいエネルギーを使って行為をしていくということです。

＊

第二のステップがニヤマ（勧める戒め）です。
ニヤマは「（毎日の生活のなかで）するとよいこと」という意味です。

・心と体を清らかに保ち、純粋になっていく（清浄）
・すでに満たされていることに気づく（知足《ちそく》）

・精神を統一して一生懸命におこない、やり遂げる（苦行《くぎょう》・鍛錬《たんれん》・精神統一）
・自己を探究する（真理の学習）
・神を信じ、ゆだね、お任せする（神様に降伏する）

という五つです。

ヒマラヤ秘教は真のヨガであり、その教えは、究極のサマディを成したサマディマスター、シッダーマスターを橋として、シッダーマスターを信じ、神を信じて、サレンダーして（ゆだねて）悟っていくということです。サマディからの正しいガイドで、バランスをとりながら進めていきます。

慈愛《じあい》をもって人と接したり、人を許したりすることは、ニヤマの大切な事柄です。

聖典や、本書のような真理を探究する書物を読んだり、自分の本質を知るために学んでいくことも大事です。

シッダーマスター、つまりサマディマスター（大聖者）からの言葉は、真理の言葉にほかなりません。シッダーマスターを信頼することが、意識の進化に導いてくれるのです。

カルマを克服し、心から離れる

第三のステップがアーサナ（体を整えること）です。体を適切に動かすことです。アーサナは本来、出家して本格的な修行をするためにつくり出された修行法です。瞑想で座るために体を整えて準備をするのです。いまはヨガ健康法としてポピュラーになっていますが、それだけで満足すると、単なる運動になってしまいます。

第四のステップがプラーナヤーマ（気と心をコントロールする呼吸法）です。気とはプラーナ、すなわち生命エネルギーです。これを整えることで、体と心に活力をつけて平和にしていきます。

究極のサマディを成《な》したシッダーマスターは、生命エネルギーのプラーナと呼吸法を熟知しています。呼吸はエネルギーであり、それを正しく扱わないと、暴走して気が乱れるので、自己流ではできません。

そして前項で述べた、ヤマ、ニヤマという、心と体の道徳的なことができるためには、あなたの心をコントロールしている内側のカルマを、プラーナやマントラで焼いて浄化する必要があります。

第五のステップがプラティヤハーラ（感覚をコントロールすること）です。それから第六のステップのダラーナ（精神統一法）、第七のステップのディヤーナ（瞑想）で自由になっていきます。そして、第八のステップのサマディ（悟り、三昧）へと進んでいきます。

＊

以上の八つのステップは、すべて正しいマスターについて学ぶ必要があります。真のヨガマスターは真の瞑想マスターです。その究極のサマディを成したヒマラヤ大聖者、シッダーマスターのガイドは、悟りのレベルからの叡智を伝えるのみではなく、祝福によってあなたのカルマを変容させるのです。

そうした生きたシッダーマスターからの直接のエネルギー伝授や言葉を聞くことは、インドにおいてもあり得ないことであり、それは奇跡なのです。そしてシッダーマスターにつかなければ、悟りへの道は不可能なのです。

こうした、完全な人間になる道の段階を上がるにつれて、カルマを克服《こくふく》し、心から離れることができます。心やエゴに翻弄されず、本当の希望実現のために、なにを選択したらよいのかという智恵が生じてくるようになるのです。

お釈迦様が説かれた「八正道」

八〇歳で入滅《にゅうめつ》（ニルヴァーナ）されるまで、お釈迦《しゃか》様はいろいろと語っていらっしゃいますが、最初に説法をなさったときに説かれたという「八正道《はっしょうどう》」があります。

お釈迦様は「ブッダ（仏陀）」となり、その意味は「悟るもの」です。悟れるものの教えが「仏教」であり、その開祖がお釈迦様なのです。

その教え、八正道は、「八つの正しい道」ということで、悟りへいたる実践的な生き方を示しているものです。次のとおりです。

1　正見《しょうけん》　正しく見る
2　正思《しょうし》　正しく思う
3　正語《しょうご》　正しく言う
4　正業《しょうごう》　正しく行動する
5　正命《しょうみょう》　正しく生活をする
6　正精進《しょうしょうじん》　正しく努力する

7　正念《しょうねん》　正しく専念する
8　正定《しょうじょう》　正しく瞑想をする

つまり八正道とは、心と体を正しく使っていくことであり、そして深く瞑想して真理に出会うということです。

八正道は、カルマを蓄積しない偏《かたよ》りのない生き方をおこなう、そして中道《ちゅうどう》を進み悟っていく、という教えです。一方、ヒマラヤ秘教の八支則は、積極的に浄化をして神秘性を目覚めさせ、質そのものを進化させて創造の源に向かい、真理を悟っていくものです。

両方とも大切な教えです。「ブッダ」は「悟るもの」という意味で、だれの中にもそのクオリティがあるのです。それを目指していくのが、八正道であり、八支則なのです。

中庸になって純粋になっていく

八正道の「正」（ただしい）は、「中正」や「適正」という意味です。善悪の基準での正しさではなく、「純粋」という意味の正しさです。つまり道徳的に心のレベルで、いい人を装《よそお》うことではないのです。

それは、右と左、ポジティブとネガティブといったものの「真ん中」にいることです。それはまた「中庸《ちゅうよう》」を得るということです。

人の性格が変わることは通常はないので、ネガティブな心を隠して、表面だけ明るく演じてポジティブにがんばっている人が多くいます。ネガティブな心を、ただ染め上げてポジティブにしているのです。

しかし、それはがんばって心を使っているので、やりすぎると、バランスが崩れてきてしまうのです。そうではなく、偏《かたよ》らずにバランスがとれた、中庸という動きになるのがよいのです。

中庸になるということは、比較や対立を超えて、本来ある姿に戻していき、純粋になっていくことです。しかし、心があると癖《くせ》となり、偏りになるので、中庸にいるとはいえません。

どのように中庸にいることができるか、それは心を超えることです。ヒマラヤ秘教は心を浄化して変容させて、心を超えて源《みなもと》に還《かえ》る、秘密の教えなのです。

私たちの本来の性質は、愛に満ち、智恵に満ちて、生命力のある存在です。八正道は、正しい道を実践し、悟りに向かうものです。正しい心と体の使い方をして、純粋にしていきます。人や物事に対する姿勢も、生活態度も、職業も正しくするのです。そしてやがて精神統一に向かうのです。

ヒマラヤ秘教では、カルマを焼きます。全部空っぽにするのです。

陶器や磁器をつくる際、粘土《ねんど》のままでは汚れが付着してしまいます。しかし粘土を成型して、焼いて仕上げると、つるつるの光った表面になり、汚れはつかなくなります。

このように、修行して、体と心のカルマを焼いて変容させると、安定した、揺れない心身になるのです。この教えは実践的であり、苦行になる場合があるのです。

とらわれのない、無心の心で、正しく見る

八正道の一番目は、正見（正しく見る）です。正しく見るというのは、偏らない心で、中心から見るということです。つまり、本当に純粋な心で、いくつものフィルターを通して人や物事を見るのではなく、ありのままの姿を見るということです。

いくら正しい価値観で見るといっても、時代によって、場所によって、そして人によって異なります。ですから、いくらその人が正しいと思っても、その価値観で見るということは、心の思い込みであり、色眼鏡をつけて見ているのと同じなのです。そして、早とちり

をしたり、誤解をしたり、妬《ねた》んだり、先入観で人をジャッジしてしまうことになります。とらわれのない、無心の心で見ることによってこそ、正しい判断ができるのです。そして平和な心になるのです。ですから心身を浄められなければ、正しく見ることはできないのです。

心を浄めて、はじめて正しく見ることができます。意識を覚醒《かくせい》させて、いろいろな心が湧《わ》いてきても、そうした心を排除して、今にいて、無心で見るようにするのです。この両方の修行ができるとよいのです。

真理に出会うと、苦しみが溶かされる

生きることはすべて欲望であり、そこに行為が生まれ、それが原因となって次の結果につながります。心は発達して、苦しみになります。そうした生きることを嘆《なげ》いたお釈迦様は「四苦《しく》」（生老病死《しょうろうびょうし》）といって、生から死への旅の中で苦しみがあることを痛感し、そこからの解放の仕方を、瞑想修行の中で気づき、それを説いたのです。

生まれることも苦しい、老化することも苦しい、病気をすることも苦しい、死そのものも苦しいと説かれたのです。

しかし、この四苦の発想は、少し否定的に聞こえます。**本来、私たちは神から分かれ生まれてきたのであり、そこにはもともとの純粋なすばらしい性質があります。それらを持っているのに忘れてしまったのです。ヒマラヤの聖者は、それを思い出すために、純粋なエネルギーと叡智をシェアしています。お釈迦様がおっしゃる四つの苦しみもすべて学びであり、生から死への旅での変化です。真理に出会うことですべてが溶かされていくのです。**

✴

八正道は、心が苦しみにつながるのをコントロールしていく教えです。八正道の一番目の正見は、正しく見ることです。そして、正思（正しく思う）、正語（正しく言う）、正業（正しく行動する）、正命（正しく生活をする）、正精進（正しく努力する）、正念（正しく専念する）とつづきます。これらによって、四苦を超えていこうとするのです。

そして八正道の八番目が正定（正しく瞑想をする）です。正しい瞑想をして、正しい対象に精神統一をしていきます。

瞑想で、心を空《から》っぽにします。そして最後には本来の姿に気づき、悟るということです。

ですから八正道は、本当の自分になるための「悟りへの道」でもあるのです。ただし、正しいということを実践するのは難しいので、その強く執着《しゅうちゃく》する心を外すのに、積極的に変容をもたらすヒマラヤ秘教の教えが助けになり、浄化を早めて正しい行為ができるようになるのです。

真理の言葉で正しい方向に進む

八正道の三番目に「正語」(正しく言う)があります。正しいメッセージが正しい心を育て、人生を正しく方向づけていくのです。

真理から発せられる言葉で真理を学びます。

究極のサマディからの言葉は、その波動が神聖です。エゴの言葉とは違い、その人のハートの純粋性から発せられているので、聴く人の心を溶かし、変容させる力があります。

こうした言葉に出会えることは幸運であり、真理の言葉を聞いてそれにサレンダーするのがいいのです。真理の言葉には愛があり、それに納得し、「そのとおり、そのとおり」とうなずくことになります。

シッダーマスターのそばに座り、その存在とともにいます。サマディレベルからのエネルギーの祝福をいただき、真理の話を聴き、心が気づきを得て、浄められて進化していきます。シッダーマスターのガイドによって正しく祈ることで、自分のエゴにつながらずに、正しく判断したり、思いやりをもって行動したり、いきすぎないように行動することができるのです。

また、**真理の言葉は人を励まし、助けたりすることができます。それによって自分のカルマを浄め、成長していくことになるのです。**

私の主宰するサイエンス・オブ・エンライトメントには、究極のサマディからの真理の言葉があります。真理の言葉を聞き、その言葉で祈り、正しい方向に進みます。

エゴはいろいろな思いを湧きあがらせるので、エゴのほうにいかないようにして、神に感謝し、神を愛し、マスターを愛し、人を傷つけないようにしていくのです。

真理の言葉を本で読んでいても、そのときは理解してなるほどと思うのですが、カルマが強く、それにコントロールされ、そのよい教えをつい忘れてしまうでしょう。

修行は日々、あなたをよいエネルギーにつなげます。祈りのなかで、真理の言葉のほうに自分を方向づけるとよいのです。

祈りの言葉が心の指針となる

みなさんは日々、いろいろなことを見たり聞いたり知ったりして、心がリアクションしますので、またカルマを積んでしまうのです。

つねに自分がどうあるべきかということを思い出すには、サマディレベルから発せられる真理の言葉を、朝夕に読むとよいのです。それは祈りとなります。また、ガイドでいただく真理の言葉を唱《とな》えると、祈りとなるのです。

そのことによって、自分がどういう生き方をしたらよいのかわかり、人生の軌道が修正されて、よりいっそう真理の方向に向かうことができます。

カルマを積まないで、人に親切にすることや、人を許すことを思い出すには、その言葉に、平和を願うようなメッセージが入っているとよいのです。そういう平和の祈りの言葉を唱えると、人生の大切な指針となって、エゴや自己防衛のほうにいかないようにすることができるでしょう。

愛と平和の祈りで、純粋な存在につながる

真理の言葉を唱えるとともに、祈願といった強い祈りをするのもよいことです。家族の健康を祈願したり、先祖が安らぐように祈願したりするのです。

人には自分につながる家族があり、先祖があります。家族や先祖への祈りによって、自分も幸せになるのです。神につながり、マスターにつながることで、愛につながって、エゴにはつながらないようになります。自分のエゴで祈るのではなく、そうした高次元の存在に祈っていただくといいのです。

エゴレベルの汚い心で祈っても、願いは叶いません。そういう純粋な存在を「橋」として祈り、その高次元の存在そのものに祈っていただくと、願いが叶うのです。

自分の欲の思いにつながった祈りでは、またカルマを積んでしまうのです。愛と平和の祈りによってこそ、純粋な存在につながることができ、願いが叶うのです。

私はワールド・ピース・キャンペーンという平和の祭典を世界で催《もよお》して、世界平和の祈りを長年おこなっています。公開サマディをおこない、そこに集《つど》う多くの人をサマディレベルからのエネルギーと愛で祝福し、平和の祈りをしてきました。

みなさんがシッダーマスターを橋として祈ることで、世界が平和になっていきます。世界中が幸せになるように祈っていきます。

「ヤギャ」で祈願が天に届けられる

インドの「ヤギャ」というのは、祈願や供養《くよう》をすることです。日本では「護摩焚《ごまた》き」と呼ばれています。

火のエネルギーとマントラ、シッダーマスターの力により、祈願が天に届けられるのです。

純粋な、悟りを得たシッダーマスターを橋としてヤギャがおこなわれ、自分の願いが早く天に届けられるのです。私はそれを私の兄弟弟子で、インドで高名なヒマラヤ大聖者であるパイロット・ババジとともにおこなっています。

「サンカルパの願い」という誓《ちか》いを立てて、ヤギャはおこなわれます。サンカルパとは、神の意志の力にもとづく、神聖で純粋で強力な、祈りや思念のことです。

さらに大きな願い、特別な祈願のことは「アヌグラハプジャ」といいます。それはシッダーマスターに直接祈ってもらうものです。それによって、あなたの願望が叶います。

マスターを橋として祈願しても、信仰心が薄く、カルマがあって浄まっていないために、またその願いが人のためではなくセルフィッシュな願いであるとき、なかなか願いが実現しないまま、さらに新たなカルマを積んでしまう場合もあります。

しかし、捧げることを通して執着を外し、純粋になっていくと、そうした願いも叶っていくようになるのです。

「クリヤの秘法」で純粋になると願いが叶っていく

人間は呼吸をして生きています。呼吸して酸素を吸って、それを全身にめぐらすとともに、「気（プラーナ）」という生命エネルギーを吸い込んで、それによって生かされているわけです。死ぬときは、その呼吸は止まってしまいます。

ヒマラヤ聖者は、プラーナによる火のエネルギーを起こし、カルマを焼いていきます。プラーナの力を思う存分発揮して活用し、カルマを浄め、それを超えることを発明・発見したのです。

私はすべてのヒマラヤ秘教の教えを順次マスターし、死を超えて究極のサマディに没入したのです。アヌグラハ（神の恩寵《おんちょう》である聖なるエネルギー）の恵みがともなうヒマラヤ聖者が伝えるものは「アヌグラハクリヤ秘法」といいます。

これもディクシャを通していただきます。段階を追った修行で自分のプラーナを高めて、内側が浄まり、変容していくことができます。浄めることと、さらにマスターに祈願をしていただくと、自分の思いも実現しやすくなっていくのです。

クリヤというのは、動き、アクションという意味です。動くことで、熱を発生します。機械でも、タービンが動くことによってエネルギーが生じますが、摩擦《まさつ》をすると、物と物が触れて熱くなって、そこに電気が生じたり、エネルギーが起きたりするわけです。

クリヤの秘法は、体内で火のエネルギーを起こして、カルマを燃やしていくものです。顔には左右の鼻腔《びくう》がありますが、その二つの鼻腔で、右側のエネルギーである、熱い陽のエネルギーと、左側のエネルギーである、冷たい陰のエネルギーの両方を強め、調和させて、さらにそれを超えていくのです。つまり、違うステージにいくのです。

私が主宰するサイエンス・オブ・エンライトメントでは、アヌグラハクリヤの秘法を、いろいろな合宿や研修で、あるいは個人セッションのなかで、ディクシャを通して段階を追って学ぶことができます。

さまざまなエネルギーを浄めて強くする

前に述べたように、体には生命エネルギーである「プラーナ」があります。このプラーナには、次の五種類の生気（エネルギー）があります。

プラーナ気
アパーナ気
サマーナ気
ウダーナ気
ヴィヤーナ気

肺のあたりで働くのが「プラーナ気」です。プラーナ気は、生命エネルギーを取り込むエネルギーです。酸素を吸い込んだり、目的を成就《じょうじゅ》する働きがあります。

上半身のお臍《へそ》より、みぞおちまでの上腹部で働くエネルギーは「サマーナ気」です。これは消化をうながすエネルギーになります。燃やして消化する働きをつかさどり、またその栄養物を取り入れていきます。

気を頭から上に引き上げるのは「ウダーナ気」です。体を軽やかにするエネルギーです。体を支えたりする働きもあります。喉《のど》の機能もつかさどっています。首を回すことで、首から上を整えることができます。

気を下げて排出する作用は、「アパーナ気」です。たとえば相撲《すもう》の力士は、このエネルギーを強めて、どっしりした体になって、倒されないようにしているわけです。

アパーナ気の働きが悪くて、バランスが崩れると、尿《にょう》の出が悪くなったり、あるいは働きすぎてトイレが近くなったりします。また悪いものを排出する作用があります。

全身に気を回して、手足が冷たくないようにする、循環《じゅんかん》のエネルギーは「ヴィヤーナ気」といいます。体のまわりをめぐらせ、血液の循環もよくします。

このように、さまざまな修行によってカルマを浄め、エネルギーを浄めて強くし、最終的にバランスをとって、深く神の領域に入っていくのです。これがヒマラヤ秘教の叡智です。

そうした気のコントロールは、アヌグラハという神の恩寵の橋になれる、シッダーマスターの直接の指導を受けなければなりません。自分勝手におこなうと、エネルギーが目覚めて強まり、そのエネルギーによって翻弄《ほんろう》され、自分ではコントロールできずに、また心も翻弄されて大変なことになります。

人間を構成するものはいろいろあります。それらを浄めるにはさまざまな修行が必要です。そうした修行によって、段階を追って浄め、悟りに向かっていくのです。

瞑想をおこなう際の注意

心身のバランスをとることの大切さを述べてまいりました。

みなさんは、心身のバランスをとろうと心がけてはいるのですが、その方法がわからないのです。さらに、長いあいだの生活習慣による癖《くせ》があります。それは心の癖、体の癖です。

最近、病気のなかには生活習慣病と名付けられるものもあります。生活の偏りが病気を引き起こすということです。本人の自覚がなくてもゆがみ、偏っているのです。その偏りが慢性《まんせい》化しているなら、それらを整えていかなければならないのです。

ヒマラヤシッダー瞑想を正しくつづけていくと、深いゆがみがしだいに整えられてきます。ヒマラヤシッダー瞑想にはマントラ瞑想、アヌグラハクリヤ瞑想もあります。それらを必要に応じて、段階に応じて、ディクシャでいただいておこなっていきます。

瞑想を起こすには、心身を正しく使ってストレスをためないようにしていくことが大切です。すでにストレスがたまっていても、そこに執着や、依存や、癖でつくったものを積極的に整えるのが秘法瞑想です。

また、そうした執着や依存ができないような生き方をするのが「中庸の道」です。それは先にも述べたように、真ん中の道です。どちらにも偏らない道です。バランスのとれた道です。

どう自分を進化させ、よくするのか、どう修行をしたらいいのか、ふつうはだれもわかりません。なぜなら、人は自分の価値観の領域でしか理解ができないからです。

しかし、真理への道は、ヒマラヤ聖者が真理にいたったこと、究極のサマディを成就したことで解明されてきました。

科学で、外から分解しても、それがどう働くのかわかりません。何と何の物質でどう構成されているのかがわかったとしても、それらがお互いにどう機能しているのか理解するのは不可能なのです。それらは互いに助けあってサポートしあっているのです。

そこにはギブ・アンド・テイクがあるのだと思います。しかし、それがなにかの刺激を受けると、異常に興奮してエネルギーを出しつづけたり、その結果、エネルギーを使いすぎたりして動かなくなります。

＊

人は心をつねに使っています。心を使いすぎることもあり、疲れ切っています。**瞑想は、心を空っぽにしていく作業です。**なにかに心を染め上げることではありません。**使いすぎた心身の機能を本来の機能に戻します。バランスをとることができます。**

高次元の、心ではない波動につながり、そこから祝福をいただいて、心を浄化して変容し、心を超えることで生まれ変わるのです。

自分を信じ肯定的な心を持ち、なにが起きても揺れずに、つねに感謝します。浄化のプロセスで起きる、いろいろ浮かび上がる雑念にもとらわれないで、源の見えない存在を信じる心が大切です。

瞑想を正しくおこない、クオリティの高い人に生まれ変わるためには、さまざまな心身の扱い方の注意があります。

瞑想した後、すぐに激しい行動をすることはよくありません。朝起きて瞑想したら、それから徐々に心身を働かすようにするのがよいのです。自律《じりつ》神経は穏やかな刺激が必要だからです。寝ていたとき、また瞑想の後は、そうした状況になっているからです。朝起きて、すぐに激しい運動をするのもよくありません。目覚めたときはぼうっとしているわけですから、徐々に体を動かしていくのがよいのです。

筋肉を鍛《きた》えている人は、弾力性や適応能力があって、筋肉がバッと縮んだりゆるんだりして、いきなり激しいことをしても対応できるのかもしれませんが、急激に活動するのは避けるべきです。

エネルギーのスイッチをオンにする

ブレッシング（祝福）もエネルギーです。それは行動のエネルギーです。

いろいろな祝福があります。幼少時には、両親の祝福をいただき、そして先生の祝福と励ましをいただいたりしますが、それだけでなく、**神から祝福をいただいて、安心をいただくとよいのです。**

ヒマラヤ聖者は修行をして、死を超えて神と一体になりました。そして、そこから復活したのです。それを何回もおこなっているのです。心身を浄めて、カルマを浄めて、サットヴァのエネルギーに変容したのですから、そういう深く高いところからの祝福は、みなさんを変容させる力があるのです。そこにディクシャでつながり、それを信じ、サレンダーすることで、最速でその恩恵をいただくことができます。

アヌグラハという神の恩寵である聖なるエネルギーの恩恵をいただいて、瞑想やほかの修行に合わせて内側を浄めて、内側が豊かになって、究極の悟りに向かっていくとよいのです。

すると、悟りへの道の途中で、聖なる祝福を得て、自分の願望も実現していきます。

その願いは、セルフィッシュな願いではない、エゴからではない、みんなが喜ぶ願いになっていきます。

エネルギーのスイッチをオンにすること。それは信じることです。愛することです。捧げること、またサレンダーをすることです。

そのことで、神の恩寵、神様からの贈り物をいただけるのです。そのことを疑ったりしていると、受け取ることはできません。

神は、あらゆるところにいる、普遍的な存在です。ただし、それにかける橋が必要なのです。ヒマラヤ聖者はディクシャを与え、そのエネルギーをシェアし、あなたを浄めます。

そして、シッダーマスターを橋として、あなたは源と、神とつながるのです。

そして神とマスターを信じることで、シッダーマスターという橋を通して、アヌグラハという祝福が訪れるのです。

それをいただくには、信じるというスイッチが大切です。信じることで浄まって、受け取る力が生まれるのです。そして運命が改善され、生きることが楽になるのです。

希望実現の体験談④

◆祈願で、人間関係の問題が解決の方向へ

私の所属しているコミュニティのリーダーには、女性関係のトラブルが多く、そのリーダーのパワハラ、モラハラで、所属している仲間たちがかなり嫌な思いをしたり、それで辞めていく人たちがいたりして、悲しいなと思っていました。

これをなんとかできるのはヨグマタジしかいない、とずっと思っていたのですが、忙しかったりして、祈願を出そう出そうと思っていたのに、なかなか出せずにいました。

そのとき、ちょうど自分自身もパワハラ、モラハラを受け、シッダーマスターからいただいたお数珠《じゅず》（マラ）を握りしめて、必死でヨグマタジにつながり、マントラを唱《とな》えました。

それでも祈願を出さないでいたら、数日後に、仲間からパワハラなどの相談を受けたので、いまこそ祈願を出さないといけない、本当にヨグマタジしかリーダーを変えることはできないのだからと思い、それからすぐに「性格改善」の祈願を出させていただきました。

次の日、リーダーがとても楽しそうにしていて、ほかの仲間も「(リーダーは）なんか、楽しそうだったね」と言っていました。なにより驚いたのは、リーダーのある発言が、自分の女性関係のクセを直すという決意に聞こえてきたことです。そして、みんなの前で発言をしたことで、この問題は必ずこの先収束していくだろうと思いました。

祈願では、本当にリーダーの幸せ、そしてみんなの幸せを願い、自分のことは脇に置いて、出させていただきました。だから、ちゃんと願いが届いたのだと思って、とてもうれしくなりました。

そのほかに、祈願を出して驚いたことですが、普通祈願のための費用を今回、リーダーとみんなのために使ったのですが、次の日と、その次の週、私が指導しているお教室に、新規のお客さんが合計四名も入ってきました。

お金を使ったから減っていくのではなくて、どんどん回っていくのです。

ヨグマタジが、「差し出せば入ってくる」、そうお話しされていることが、本当に自分の身のまわりに起きています。

ヨグマタジ、本当にありがとうございました。

とても大切な仲間と私たちの大切なリーダーなので、これからも愛を出しつづけていきたいと思っています。


（H・Y　46歳　女性）

◆会社での奇跡の体験

私は会社のパワハラな上司に、毎日潰《つぶ》されそうなぐらい怯《おび》えながら仕事をしていました。次は怒られないように、自分の責任にされないように、と気にしながらの毎日でしたが、結局失敗してしまう負のスパイラルにはまっていました。

これをなんとかしなくては、と藁《わら》にもすがる気持ちでいたときに出会ったのが、ヨグマタジの瞑想でした。

私はさっそく入門し、状況をよくしたい一心で、さまざまなプログラムを受けさせていただきました。そのなかで、ヤギャという日本では護摩焚《ごまた》きの儀式にあたるパワフルな祈願を、自分のために出させていただきました。かなり思いきったことだと思いますが、そのときの自分は、そんなことも考えずに無心でした。

ただただ必死でヨグマタジのプログラムを受け、自宅で毎日、朝晩の瞑想をおこなう日々を過ごしていたところ、会社の勤務地が、自宅から徒歩一五分以内の場所に移転になりました。

それまでは、自宅から片道二時間はかかっており、しかも、まわりには人通りがなく、コンビニもない物騒な場所で、通勤するには限界がきていました。

無事に、新しい勤務地への移転作業が終わりましたが、それからも上司の無茶な要望に振り回される毎日を過ごしていました。ところが、一年ぐらい経ったとき、急にその上司が会社を退職することになりました。

私はそのとき「ヨグマタジ、いままで苦労していたことが報《むく》われました。ありがとうございます。上司にも神のご加護がありますように」と涙を流しました。

勤務地が自宅から近くになったのも、その上司が退職することになったのも、私が瞑想をするために、ヨグマタジが外側の環境を整えてくださったのだと思っています。

あのとき、無心でプログラムに参加し、思いきってヤギャを出させていただいたことをすっかり忘れていたのですが、ちゃんとヨグマタジは見ていてくださり、私に整った環境を与えてくださいました。驚きと感謝の気持ちでいっぱいです。

それからも、ヨグマタジにつながり、相手の方を許す練習をさせていただき、相手がなぜ怒ったり、きついことを言ってくるのか、その理由が直感で理解できるようになりました。

相手の方も、自己防衛をして、傷つかないようにがんばっているんだと理解できたら、その方への愛情が湧《わ》いてきて、許そうと思えるようになりました。

いままで神様に祈っても、なにも変わらず、神の存在を信じていなかったのですが、ヨグマタジにつながり、奇跡の体験をさせていただいて、本当に神様はいらっしゃるんだと思いました。

ヨグマタジ、これからは自分がまわりの方へ愛を与える番です。いままでいただいてきた恩恵をまわりの方へ伝えていき、ヨグマタジの愛を届けていきたいと思います。

（K・H　41歳　女性）

第5章　ワンネスになっていく道

——みなさんの内側の奥深くに宇宙的な意識があります。心身を浄めそれらを超えていき、純粋意識と一体になっていきます。そこにはなにもなく、そしてすべてが充実しているのです。

心の満足ではなく、魂の満足を

真の幸せになる生き方は、奪《うば》う愛とか、欲しがる愛とか、執着《しゅうちゃく》する愛ではなく、見返りを期待しない与える愛、菩薩《ぼさつ》のような生き方が重要なのだと思います。

「菩薩」（ボーディサットヴァ）とは、「ボーディ」と「サットヴァ」が合わさった、サンスクリット語から生まれた言葉です。ボーディは「悟《さと》り」、サットヴァとは「純粋な性質」という意味で、菩薩すなわちボーディサットヴァとは「悟りに近く、慈愛《じあい》で人を助けながら、悟りに向かう生き方する人」ということです。

心の愛は、執着の愛です。相手からの愛で満足しようと願っているのです。そのため、親がくれた愛を無意識に他人にも要求して、自分から与えることを知らないのです。

深い思いやりや慈愛を持たず、精神的レベルが低いと、人をいじめたり、虐待《ぎゃくたい》したり、自分の憂《う》さを晴らしたりするのです。

弱い人をいじめるような人は、愛を知らないで育てられたため、そういうふうになってしまうのかもしれません。愛されなかったから、いじめることに快感というか、変な達成感、あるいは一種の解放感のようなものを覚えるのかもしれません。

真の幸せになるには、心を超えて、その奥にあるハートを目覚めさせることが大切です。そこには無限の愛があり、宇宙的愛が満ちていて、そこから愛をくみ出して慈愛を育《はぐく》んでいくのです。そうして思いやりを学んでいく必要があるのです。

心の満足ではなく、魂からの満足ということに、目覚めるべきなのです。

それは真理を知る喜びです。すると、ただあるということに安らぎ、そして智恵が満ち、愛が満ちるのです。

すべての人を尊敬する

だれもが、わが子がよい子に成長してほしいと願っていますが、しつけと称して、わが子をガミガミと叱《しか》ったりして、言うことを聞かせようとしている人がいます。心でわが子をコントロールし、親に従わせようとしているのです。そうではなく、すべての人を尊敬するということを教えていくことが大切なのです。

すべての人を尊敬するのは、だれにとっても重要なことです。相手を尊重し、人にはいろいろな考え方があるということを受け入れなければいけません。

ところが心は、自分が正しいと思い込み、その正しさを人に押しつけます。自分とは異なる考え方を拒絶し、他人《ひと》に対して、自分の価値観を押しつけようとするのです。それは、自分のいままでの心の学びであり、けっして悟りからの真理にもとづくものではないのです。

自分の考えといっても、いろいろな人から学んだことだったり、親から教えられたり、本で読んで覚えたり、社会で知ったことや、あるいは世間の常識とか、自分の体験からのこともあります。修行をしていない多くの人の考えは、真理を知らないので、自分を守るエゴのレベルからの、つまり自己防衛の心も含まれた発想が多いのです。

ですから、心のこだわりを浄化して取り除き、愛を育む修行をしていく必要があります。よいエネルギーを出して、また浄化をして、よいエネルギーを高次元から取り込みます。そうして真理に近づいていくと、純粋になり、愛が湧《わ》き上がってきます。

すると表面ばかりでなく、相手の立場も見える人になってきます。心がこだわりから外れ、自分のエゴの利己的な、自分の思うようにしたいという欲望がどうでもよくなるのです。

みんなそれぞれ環境が違い、考え方も異なります。まず人を尊敬し、感謝して、思いやりを持っていきます。

その実践は人の意識を高めます。悟りを目指して、人を助ける団体などで奉仕をして、エゴを取って人を助けていきます。

そういう見本を示していくと、子どもはそこから学び、また世の中をよくする子に育っていくのです。

「今にいる」という生き方をする

人は心につながって、それを使って生きています。しかし、**心はつねになにかを恐れたり、不安がっていて、平和がありません。**

技術や能力、お金、大切なものを多く持っていると、それがだれかに奪われるのではないか、裏切られるのではないか、あるいは利用されるのではないかと不安がっています。

そして、名誉やお金が山ほどたくさんあっても、心の奥が満たされることがないのです。

また、今いる場所から逃げ出して、無性《むしょう》になにかをしたくなる人もいます。つねに過去や未来のことをあれこれ考えたり、やることを探したりして、落ち着かないのです。

なにかで異常に心を乱されてしまう人もいます。五つの感覚である、目（視覚）、耳（聴覚）、鼻（嗅覚）、舌（味覚）、皮膚（触覚）から情報が入ってきて、刺激に敏感に反応して働きだすのです。

なんとかまわりの人から愛されようと思って、必死で努力している人もいます。

いつもまわりの評価を気にしている人もいます。

みなさんは、このように変化する心に翻弄《ほんろう》されています。だれもが心は自分と思い、当たり前のように心につながっています。心から外れることを考えたこともないし、どうしていいかわからないのです。

いま、私はあなたを救い出します。その回路から救い、今の平和なところにいることができるようにしていきます。

それが新しい生き方です。心を高次元のエネルギーにつなげます。自己をそれに任せ、いろいろ考えないのです。

「今にいる」という生き方をすることが、深い安らぎの世界につながるのです。

心を使うということは、カルマを積んでいくわけですから、日々、心を浄化し、無心になる努力をしていきます。そのためには、ヒマラヤシッダー瞑想《めいそう》をすることを習慣づけるとよいのです。そうやって積極的に心を浄化して、心を空《から》っぽにしていき、本質に戻っていくのです。

高次元の存在につながり、それを信じて、神聖なパワーをいただきます。内側の修行をつづけることで、エネルギーが満ちてくるのです。

こうした自分が変容していく旅は、悟りへの道の決意をおこない、修行を欠かさず、継続しておこなうことが大切です。そして愛をシェアしていく人になり、その愛を周囲に広げていくことで、無限の愛と一体になります。そのことで心が満ちて、今にいられる人になれるのです。

ヒマラヤ聖者のエネルギーにつながって修行する

ヒマラヤの聖者は、神に出会いたい、つまり真理を知ろうとして、すべてを捨てて修行を積みました。家庭や仕事といった社会的な道ではなく、神を信じ、体と心を浄めて、その小宇宙がどうなっているのか、一つひとつのエネルギーを体験して、変容して神になる修行の道、悟りの道を選んだのです。そして、ヒマラヤ高地の秘境に籠《こ》もり、人に会わずに修行をして瞑想をつづけたのです。

本来、ヒマラヤの教えや秘法は、師から弟子に口伝《くでん》で伝えられるものであり、公開されていないのです。悪い人に渡るといけないからです。それは最高の人間になる、実践の教えであり、昔は王様とか一部の聖職者といった知識階級が、それに向かったのです。
ヒマラヤの聖者からの「みんなを目覚めさせなさい」「救いなさい」という命《めい》を受けて、いま、ヒマラヤ聖者となった私（ヨグマタ）がその教えを伝えています。みなさんが変容して、世の中がさらに愛が満ちて平和になっていってほしいと願っています。

七年間のヒマラヤでの修行で、究極のサマディを達成して真理を知り、その後、「真理をみなさんにシェアしなさい」と、私のマスターであるハリババジというヒマラヤ聖者に言われ、修行の地であるヒマラヤの高地から下りてきたのです。

そして真理の証明として、公開のアンダーグラウンド・サマディを一六年間に一八回おこなってきました。アンダーグラウンド・サマディは、水、食物だけでなく、充分な空気もない密閉された地下窟《くつ》に長時間滞在して、サマディに没入《ぼつにゅう》する過酷《かこく》な行《ぎょう》です。通常は復活できず、窒息《ちっそく》死してしまうので、これをおこなうにはインド政府の許可が必要なのです。

さらに、日本と世界で世界平和のキャンペーンをおこなっています。それはみなさんにヒマラヤシッダー瞑想を伝授し、愛と平和の世界を実現していくものです。

＊

いま、みなさんは日常生活を送りながら、仕事をおこないながら、ヒマラヤ聖者の祝福をいただき、マスターの教えをいただけるのです。

本来は、自分のグル（マスター、精神的指導者）を探すことだけで一生かかります。どこにいらっしゃるのかわからず、会えたとしても、教えてくれるかどうかわかりません。また仮にそういう厳しい環境で修行する機会を得たとしても、食べ物もなく、電話もない生活には耐えられないことでしょう。

ところが、**いまみなさんは、恵まれた環境で、よいエネルギーにつながって修行をしていくことができます。**すると、いらないものを無理に捨てようとするのではなく、不要なものが自然に落ちていくのです。

みなさんは、そういうすばらしい恩恵をいただきながら、内側を最速で浄めていくことができるのです。そして、あなたの心身を進化させることで、世界に平和を創り出すことができるのです。

本当の喜びに満ちた、輝いた人になれる

祝福をいただきながら、自分を信じ、真理の教えを信じて実践《じっせん》していくことで、内側の見えないところを浄めていくことができます。

すると、見えるところがよりいっそう整って、執着《しゅうちゃく》がなくなり、無理なく幸せになる願いが叶《かな》って、安らかに生きていけるようになります。永遠の存在は、心を超えた、人を生かしめている魂《たましい》であり、さらに大いなる神のことです。本当の喜びにつながるものです。ヒマラヤ聖者から、ヒマラヤシッダー瞑想を学んで実践をしていくと、心の喜びではない、本質からの本当の喜びに満ちた、輝いた人になることができるのです。

そうした**真理が記してあるこの本には、ヒマラヤ聖者の慈愛が盛り込まれています。**悟りの智恵を記《しる》した言葉ですので、みなさんは目から鱗《うろこ》が落ち、読むことで気づきが起きて、そしていろいろなとらわれやこだわりを手放していくことができ、心も体も楽になるのです。

読み進むにつれ、智恵の瞑想ともいうべき状態になってくるのです。

ヒマラヤ聖者と出会い、祝福で実際にエネルギーをいただくと、そのエネルギーで浄化されます。また秘法をいただくと、ストレスを溶かし、カルマを実際に焼いて、内側を整えることができます。

こうしてみなさんは、変容して生まれ変わり、進化して本質と一体になっていく道を歩むことができるようになるのです。

すると、人生がより豊かになり、本当の願望を実現するようになっていくのです。

根源のところと一体になる「ワンネス」

心が働くと、分けたり、分離したり、区別したり、差別をしたりします。相手と比較をしたり、自分と他人とを区別したりするのです。もちろん、この心でいろいろと社会のことが理解できるのです。

その反対に、「ワンネス」というのは、「自他一如《いちにょ》」になるということです。

宇宙には「ブラフマン」という至高の、究極の存在があります。人はそれを神と呼びます。英語でいうと「スーパーコンシャスネス」です。それが次の三つのエネルギーの働きとなって分かれています。

ブラフマー　　創造するエネルギー
ヴィシュヌ　　維持するエネルギー
シヴァ　　破壊と変容をするエネルギー

この三つのそれぞれが最高神です。

シヴァ神は形のあるものを破壊し、源《みなもと》に戻るようにします。悟りをつかさどるエネルギーです。それによって、宇宙的な意識に進化していきます。

その三つのエネルギーと一体になっていくことが「ワンネス」なのです。

なにもなく、すべてが充実している境地

瞑想をしていたら、体がなにもなくなるといった、新しい次元の体験をすることができますが、それをさらに超えていきます。

みなさんの内側の奥深くに、宇宙的な意識、純粋意識があります。体が浄まって、心が浄まって、それら心身を超えていきます。そこにある純粋な意識と一体になっていくのです。それがワンネスです。

前述したように、この肉体は小宇宙です。大宇宙を構成する土、水、火、風、空のエネルギーと同じ要素の五つの元素が浄まっていって、ワンネスになるのです。

つまり、エネルギーの全部が浄まり、それぞれを超えていき、ワンネスとなるのです。そこにはなにもなく、そしてすべてが充実しているのです。

愛読者カード

ご購読ありがとうございました。今後の参考とさせていただきますので、ご協力をお願いいたします。また、新刊案内等をお送りさせていただくことがあります。

【1】本のタイトルをお書きください。

【2】この本を何でお知りになりましたか。

1.書店で実物を見て　2.新聞広告（　新聞）
3.書評で（　）　4.図書館・図書室で　5.人にすすめられて
6.インターネット　7.その他（　）

【3】お買い求めになった理由をお聞かせください。

1.タイトルにひかれて　2.テーマやジャンルに興味があるので
3.著者が好きだから　4.カバーデザインがよかったから
5.その他（　）

【4】お買い求めの店名を教えてください。

【5】本書についてのご意見、ご感想をお聞かせください。

●ご記入のご感想を、広告等、本のPRに使わせていただいてもよろしいですか。
□に✓をご記入ください。　□ 実名で可　□ 匿名で可　□ 不可

郵便はがき

切手をお貼りください。

102-0071

東京都千代田区富士見一―二―十一
KAWADAフラッツ一階

さくら舎 行

住所	〒 都道府県		
フリガナ		年齢	歳
氏名		性別	男 女
TEL	(　　)		
E-Mail			

さくら舎ウェブサイト　www.sakurasha.com

サマディの本来の意味とは

「究極のサマディ」は、この肉体の小宇宙の中の真理を発見するための行です。真の悟りを目指し、究極の真理に達していく行です。

それは神になることです。神を信仰しパワーをいただき、生きる力をいただいていた人々のなかに、それになりたい、源の真理を知りたいという最高の願いが生まれ、それを目指していったのがヒマラヤ聖者なのです。

そして、その願いを成就して真理を体験し、この宇宙が生まれる秘密を悟ったのです。サマディには段階があります。そして、それを超えるとなにもなくなるのです。この段階のサマディは、深い瞑想というふうに表現することもできます。

さらに究極の真理を知って、それと一体になることが「究極のサマディ」です。それは、すべてが浄まり、源と一体になるということです。

時間と空間を超えて、「永遠の今」にあるのです。時がなく、同じ時になるのです。「究極のサマディ」にいたるには、体のサマディと心のサマディを体験し、それを知り尽くして超えていくのです。

サマディとは、対象と一体になることです。その対象を知り尽くしていくのです。体は小宇宙であり、その宇宙を、段階を追って、サマディによって探究し、その源になにがあるのかを悟っていき、究極の真理を探究するのです。真の自己と一体になることです。

この心と体を浄化して、意識を進化させて最高の人間になること、それが「究極のサマディ」です。

＊

このサンスクリット語の「サマディ」に、中国で「三昧《さんまい》」という漢字が当てられました。それが日本に伝わりました。

サンスクリット語のサマディは、最高のサマディのことですが、漢字の「三昧」という言葉は、なにかの対象と一体になるという面だけを見て、心が浄まっていなくても使うことがあります。

たとえば勉強三昧《ざんまい》というのは、勉強に集中して、それと一体になっていることです。落語三昧とか温泉三昧などの「三昧」という言葉は、「そのことに心が熱中している」という意味で使われています。さらに、そこにはまって困るという、少し嘲笑《ちょうしょう》を込めた感じの、贅沢《ぜいたく》三昧とか放蕩《ほうとう》三昧などは、「度が過ぎる」という意味で使われています。これは心が自分の執着するものに集中しているのです。

このように「××三昧」といわれるものは心を使った集中なので、そのことに「没頭《ぼっとう》」したり、「熱中」したり「耽溺《たんでき》」するなどの意味でも使われるようになったのです。それは、なにかに一生懸命集中することであるので、囚《とら》われていることにもなります。

真のサマディは自己と一体になること、マインドを超えた世界の源と一体になることです。漢字の訳は集中しきるということに使われているので、真理とは違うのです。

✷

ところで、集中について述べてみたいと思います。なにかに一生懸命集中してそれを知ることはいいのですが、ときに一生懸命になりすぎて、心身を消耗《しょうもう》してしまう人がいます。人間は仕事に集中したり、そのほか自分の好きなことには集中します。芸術に命をかけて心身が摩耗《まもう》し、大病をして元に戻れなかったという芸術家の話を聞いたことがあります。ものと一体になることはとても心を使うので、消耗してしまうのです。それは癒《いや》しになることではなく、マインドを使った楽しみであり、それは真のサマディに導く前段階のサマディとは違います。

究極のサマディを起こすには、瞑想をおこないます。それをサマディともいいますが、それで癒されることが起きるのです。

それは、**いろいろな汚れやこだわりを取っていくための集中です。**つまり、きれいになるための瞑想ですが、それにこだわらないことにも気づかなければならないのです。**それは、心を手放していくための行なのです。**

さらにヒマラヤシッダー瞑想は、エネルギーがいただける瞑想なのです。高次元の存在に精神を統一していきますから、エネルギーを消耗することはありません。

正しい瞑想をつづけると、体を浄め、体を超えて、いろいろな雑念が整理され、心から解き放たれて自由になるのです。

たとえばインドの霊能者の話ですが、なにかのエネルギーに乗っ取られ、潜在意識のスピリットとなり、チャネリングして話をするなどの状態になりました。その後、通常の意識に戻ったとき、ものすごい疲れを感じてぐったりすると聞いたことがあります。

そうしたエネルギーは執着《しゅうちゃく》であり、エネルギーを消耗するのです。

みんなが喜んでくれる智恵ある生き方

生きるためには、食べ物が必要です。また暑さや寒さのための衣類が必要です。そして、どんなに小さくても住むところが必要です。現代は、そういう衣食住には困らない世の中になりました。

たしかに昔より恵まれた時代になりました。しかし、文化が発達し、便利になって、生きやすくなった半面、自然が破壊されたり、地球温暖化の問題など、環境問題も増えてきました。クリエイティブな働きは、一方で人類のエゴの行為となって問題をつくり出しています。そうした多くの問題が人類に突きつけられているのです。

さらに、貧富の差や、優劣の差が出たりして、苦しんでいる人も多くなり、その流れは止められません。どうしたらいいのでしょうか。

現代の技術や知識を活用しながら、一人でも多くの人が修行することで、執着を取り、無駄《むだ》なものや迷惑なものをつくり出すのではなくて、人類愛から発するクリエイティブなものをつくり上げていくようにすることが大切です。

それには、**セルフィッシュな、自分だけが喜ぶような生き方ではなく、みんなが喜んで**

くれる、本当に全体のバランスをとっていく、智恵ある生き方をすることです。

みなさんが高次元の存在につながり、祈り、浄まり、また瞑想することによって、愛と平和の波動が集合意識から伝わっていきます。すると、みんなが早く智恵ある人になっていく動きが見られると思うのです。

もっと愛を育み、お互いに助けあう社会、与えあう社会、尊敬しあう社会をつくることが、進化した文化なのです。ですから、自分の幸せだけでなく、人の幸せのために生きることが大切なのです。すると、尊敬しあう社会になり、人の意識が進化し、神聖さが目覚め、智恵ある社会になっていくのです。それには、みなさん一人ひとりが、相手の立場に立てる人間になっていくことが肝心なのです。

希望実現の体験談⑤

◆愛と感謝の大切さに気づいて

ヨグマタジとの出会いは、ＦＭ横浜でのラジオ放送でした。ラジオで聴いていて、心惹《ひ》かれるものがあり、ご著書を読み、入会し、シッダーディクシャとマントラを受け、瞑想や教えに触れていきました。

その後、仕事は順調で、財産も増えて、家族関係もよく、幸せになっていきましたが、未解決の課題は残りました。それは父です。しかし、解決の糸口が思いがけない方向からやってきました。最近パソコンが壊れたので、復旧してあげたのですが、感嘆《かんたん》され、同時に、これまで狭い了見《りょうけん》で生きてきたことを反省したようです。

そして私に、残りの人生をよくする提案を求めてきたので、老人ホームに入っている母の見舞いを毎日してあげることを提案しました。今朝からさっそく実行しはじめたようです。母も父も幸せになっていくことを願います。

仕事の苦労もたくさんありました。定年退職後に、まったく違う業界へ転職しまして、体力的にも大変でした。最も苦しいとき、ときおり配信されてくる体験談に励まされました。さいわいに、すべての人が幸せになる形で仕事も完了し、慕《した》ってくれる人もいました。

ヨグマタジに出会って、変化は徐々に起こりましたが、年月が経って、その前後を比較すると、その差は劇的です。

ヨグマタジからはとくに、すべてを受け入れて、肯定して、しかし試練にくじけることなく乗り越えて成長して、やがて愛と感謝に目覚めていくことを、そしてまた、最もすぐに影響を与えることのできる人々である家族関係、それから職場の人間関係、そして日々接触して言葉を交わすチャンスのある人々との関係をよくしていくことを学びました。

その根底にあるのは、愛と感謝だと思います。そしてよい考えを持ち、よいおこないをすることです。この場合の「よい」とは、自分も含めて人々を幸福にするということで、神の心に添うという意味ですから、個人の価値観とは別物です。私は「よい」人になること、神の心に従って生きることが、なによりも大切だと感じています。

愛と感謝に気づきつつある自分を感じながら、神様のお導きに感謝申し上げます。ヨグマタジとの出会いは、まさしく本質的、根源的に、意義深いものだと思っております。

（Y・F　63歳　男性）

◆過去のトラウマに気づき、解放され、心が穏やかに

私は四〇代男性ですが、人生が楽しい、幸福感で満ちている、と思ったことがほとんどありませんでした。

友達が非常に少なく、生まれ育った地元に帰っても、だれ一人として会うような相手もいませんでした。中学生当時の少ない友人関係のなかで、いちばん信頼していた友人と一緒におこなった行為に対して、周囲から私だけが責められることがありましたが、その友人は傍《そば》にいながら、まったく他人事《ひとごと》のように無言を通して、自分を守っていました。

その後は、その友人に対して不信感がつのり、だんだん疎遠になっていきました。

その友人のことは、大人になって、とくに恨《うら》んでいるわけでもなく、人間なんてしょせんそんなものだと思い、気にしていないつもりでした。しかし三日間合宿のワークで、この友人との関係を振り返ろうと思い立ち、ヨグマタジにお任せの気持ちで臨《のぞ》むと、私の中からムラムラと、怒りや許せない感情、悲しさがこみ上げてくるのがわかりました。自己防衛のために裏切る人に対して、異常に怒りや嫌悪《けんお》が湧《わ》いてきていたのです。

仲良くなっても、都合が悪くなるとあっさりと裏切られ、切り捨てられる、そんなふうに他人のことを見ている自分は、このときのトラウマの影響が大きいのだ、とはっきり自覚しました。

その後、一ヵ月、二ヵ月と過ぎるうちに、他人に怒りや嫌悪感が湧きにくくなっていることに気づくようになりました。同時に、他人に求めすぎない、ないものねだりをしないようになったと感じます。そして、そうなることで、自分自身の内側がとても穏やかになりました。

ふとしたときに感じる、どうしようもない寂しさも、そして楽しく幸せそうな人を見て、自分をみじめに感じることも減りました。お酒の量も明らかに減少しました。またお酒を飲んでも、あまりおいしいとも思わなくなりました。

私は子どもの頃から、目に見えない悪いものを背負っているという思いがありました。いまはそれがカルマの法則であることが理解できるようになりましたが、前世のカルマの影響で、他人とよい関係を築くことが苦手な人は、今世《こんぜ》でさらに人間関係のトラウマなどを積み重ねやすいのだと思います。

自分を裏切る人、依存してくる人、嫌悪する人が現れる一方で、クラスやセミナーでペアを組もうとすると、自分だけ相手がいない……そんなことが、人生で何度となく現象化し、自分が嫌になるときが多々ありました。

生きていることが楽しくないけど、自分じゃどうにもできない、そのような人こそ、ぜひヨグマタジとつながることをお勧めします。頭ではなく、体験によってよくなっていくことがわかります。

幸せは、自分の内側から湧いてきます。心で自分は幸せなのだと言いきかせることと、体験することとは別次元です。そして、その体験は、とても神聖な大きな存在（エネルギー）とつながった幸福感なのです。これからも素直に教えに従い、真理の道を進んでいこうと思います。

（N・Y　45歳　男性）

◈継続は力なり。仕事も家庭も順調です

ヨグマタジにつながって、「ディクシャ1」をいただいたのが二〇一〇年一〇月のことで、それからほぼ一〇年が経ちました。

その「ディクシャ1」をいただいて五ヵ月後に、七日間合宿に参加、それから一年後の二〇一二年四月に、東京のよい物件に出会い、引っ越し、仕事で独立できました！

その後、「ディクシャ2」をいただき、それから三年後の二〇一五年一〇月、土地の浄化の普通祈願を出し、分筆《ぶんぴつ》など難しい条件がありましたが、その物件を買えました！

それから三年後の二〇一八年に、子宝祈願の普通祈願を出し、二〇一九年三月に子宝に恵まれました！

そして仕事が順調で、二〇一八年後半には月収一〇〇万円にも到達いたしました！

このように順調に過ごさせていただいております。本当にありがたく思っております。

妻も同じように七日間合宿に参加し、「ディクシャ2」までいただいていたので、心強く同じ方向に行け、信じられ、お互いに理解しあえたことも大きかったと思います。

そのほか、「インドヤギャ」にも、父のカルマ浄化祈願・健康祈願も出し、さらに強力に後押ししていただいたと思います。おかげさまで、父も健康でがんばっております！

こうしたことは、目には見えないことなので、信じにくいとは思いますが、まさに信じる者は救われる、ですね。

私は三〇年前にスポーツをしていましたが、プロ野球の元監督がこういうスピリチュアルなものを紹介されていて、背後の大いなる力があることを知りました。

そこから二〇年後、妻の紹介でヨグマタジの本を読み、すぐにディクシャをいただきました。二〇年経って、やっと背後の大いなる力をいただける！　と思ったのです。

いまは家のローンや子育てに追われて、あまり研修に参加できていませんが、世のために稼いで、ぜひぜひ悟りたいと思っております。ただ、ヨグマタジと出会い、ディクシャをいただき、ここまで来られただけでも幸せで、十分です。本当にありがとうございます。

日々精進《しょうじん》してまいりたいと思います。


（M・N　45歳　男性）

第6章

心に振り回されず今にいる

——心は、原因があって結果が生まれて、その結果が原因となって、と連綿とつながっていて切れ目がないのです。ヒマラヤシッダー瞑想で心が鎮まり、心を手放すことができます。

大きな愛の人がみんなを救う

「こんな社会では希望が持てない」と嘆《なげ》いている人がいるそうです。

こうした人には、物事が自分の思うようになってほしいという、エゴがあるのかもしれません。そのため、みんなに愛されたいとか、私の言うことをきいてほしいと思っているのかもしれません。

自分の心が見えていないのでわからないのでしょうが、つまり、自分の願いを叶《かな》えたいわけです。

また、人に親切にしてもらいたいとか、ほめてもらいたいとか、自分のやったことを認めてもらいたいと願っている人もいます。

つまり、外に要求ばかりしていて、その願いが叶わないため、現代のような社会では希望を持つことができないといっているのです。

いまの時代は、興味や関心が外側に向けられていて、昔よりそれが満たされやすい便利な環境になっています。欲しいものは手軽に買えますし、親からもいろいろなものを与えてもらっています。いまの世の中は、与えられすぎているのです。にもかかわらず、不満を抱《いだ》いています。

必要な情報も、テレビやネットを見ていると、全部飛び込んできます。ですから多くの人は、自分でクリエイティブになにかをつくろうという意欲が乏《とぼ》しくなっているようです。やりたいことが、とくに思い浮かばない、わからないという若者も少なくないと聞きました。

そうして、体もだるくなってきてしまいます。元気にしようとか、なにかやろうという気持ちはあるのでしょうが、少し気力が乏しくなっているのではないでしょうか。

みなさんには、大きな愛の人になって、純粋なエネルギーを充満させ、みんなを救っていくように行動していただきたいと思います。

理想の社会をつくるというのは容易なことではありません。どうしたらいいのでしょうか。

そのヒントはヒマラヤ秘教の教えにあります。それは意識を進化させていくという道です。高い愛を目覚めさせていき、進化していくのです。生命エネルギーに満ちて、また、みずから相手に思いやりをもって行動できる人になっていくのです。このことで、未来に希望が持てるようになっていくのではないでしょうか。

太陽のようになって平等意識になる

芸能人などのゴシップ記事が載っている週刊誌は、相変わらず話題になるようですが、それはたくさんの人が比較の世界にいて、心の幸せを求めているからです。

心は比較する性質があり、それはものを理解するには便利なのですが、それと執着《しゅうちゃく》する心や、記憶と感情が結びつくと、苦しみをともなうのです。そして、いろいろな心の反応に振り回されていくのです。

心はつねに物の多寡《たか》で喜んだり、悲しんだりするのです。相手がたくさん持っていると、自分を不幸せに思ったりします。

また逆に、人より自分のほうがたくさん持っていると幸せだと思ったり、優越感で、うれしくなったりします。そして、相手がなにか失ったとき、それを自分が持っていると幸せに感じます。

子どものときはお母さんが、お兄ちゃんやお姉ちゃんをえこひいきしているように見えて、ひがんだりするものです。逆に、年上の子は、お母さんが小さな子に手をかけて、かわいがっていることに不平不満を抱きます。

詳細・お申し込みは裏面へ➡

自分に愛をもらったときは当たり前で、ほかの人への愛は鮮明に見えてしまいます。そうして自分だけ愛してほしいと願うのです。

それは自分の中に恐れや、見捨てられる不安などがあるからです。

子どものときの心は、外から見てもわかりやすいものです。大人になってからは、それがなくなるのではなく、ただ深くに潜《ひそ》んでいるのです。執着する愛になって、相変わらず、セルフィッシュな自分だけの幸せを求める生き方をするのです。

また単に心で理解していい人になろうと、いい人を演じようとしても、やがて心は疲れ苦しくなります。そうした生き方から、まず自分を抑えるのではなく、できることから、やりたいことからはじめるとよいのです。また、言いたいことはためないで、言葉にして伝えます。

＊

あなたがもろもろの心の活動を理解して、それを超えて楽になる生き方、それがヒマラヤ秘教の教えです。神聖さを目覚めさせ、心をコントロールしていく生き方です。エゴを外し、愛を育《はぐく》み、ヒマラヤシッダー瞑想《めいそう》をおこない、心を平和にしていくのです。

あなたを振り回して苦しめる心を鎮《しず》め、超えていくのです。するとと、源《みなもと》から愛に満ち、すべてがうまくいくのです。瞑想をして、心を浄化していきます。気づきをもって、今にいることを選択するのです。そして、自分の源にある本性《ほんしょう》に出会っていくのです。**そうすると魂《たましい》の性質が現れ、みんなに光をあげる存在となり、太陽のように輝く人になるのです。**太陽のように、みんなを平等に愛して、平等意識になっていくのです。それは、慈愛《じあい》を与える生き方であり、菩薩《ぼさつ》の生き方です。

心の性質はギブ・アンド・テイクです。つまり、あげたり、もらったりです。奪《うば》う愛や、欲しがる愛、執着する愛から離れて、みんなの幸せを願う、慈愛に満ちた生き方をしていくことが大切です。そうして、すべてを知っていく、悟《さと》りの存在になっていきます。

神様を愛し、捧げる練習をする

人は、自分が心だと思い、そして自分の心の思いに従って生きています。心は欲しいものを望み、手に入れるとまた次のものに興味を持ちます。つねに変化して落ち着きがないのです。さらに、物の流行《はや》りすたりにも影響されます。

物に満たされた昨今は、住まいはみんなとシェアしたい、という人たちも少なくありません。ところが、物欲や所有欲は乏しくても、ほめてもらいたいとか、認められたいといった欲はあるのです。

そういう精神的な欲望、心の欲望が満たされていないのです。なにかが寂しいのです。しかし愛を知らず、いまだ自己が開発されていないので、自分から愛するのではなく、他人から愛されたいと願っているのです。

物欲や所有欲はなくても、内側から精神的に満たされていない人は、いつまでも外側からの愛を望むのではなく、自分から人を愛していかなければなりません。

だれもが無意識に気をつかい、心が動きまわって、ストレスを感じています。そうした心が強くない人や、あるいはエゴが強く、エゴに振り回されている人は、本当の意味での力、源《みなもと》からの力が出てこないのです。ですから真理に向かう修行が必要になるのです。

インドの人は、エゴを外し、執着を外し、慈愛を育むために、心を高いものに向けて捧げる練習をします。お布施《ふせ》をしたり、奉仕をします。托鉢僧《たくはつそう》にご飯をあげたりしています。また、神様を愛し、みんなを神と思って親切にして、捧げる練習を自然におこなっているのです。

神を愛し、神を供養《くよう》し、神に捧げていきます。それは神やマスターを愛し、愛を育む修行です。自分を愛し、また、他の人の奥に神を見て愛し、親切にするのです。

それが瞑想の前におこなう大切な修行です。それは、執着を取り、外側を整え、内側も整える修行なのです。

お布施と奉仕が修行になる

現代は自由な社会になりましたが、みなさんの心はとらわれたままです。自分の体験の学びや、たくさんの知識や情報を持っていて、それらの価値観に縛《しば》られているのです。

そして、物をたくさん持っていると、それをメンテナンスしなければなりませんし、整理し整頓《せいとん》をしなければなりません。そのことがストレスになってしまいます。

出家をすると、たくさん持っていたものを全部捨てて、あるいは捧げて、浄《きよ》まっていくことになります。一方、在家《ざいけ》の人は、働いてお金をいただいて、必要なものがいろいろ集まり、さまざまな人間関係をつくってきているわけですから、どうしても抱え込むものが自然に増えていきます。

心を自由にして真の幸せになるには、それらへの執着を外し、とらわれないように修行していくことが大切です。それは捨てるということです。愛を育み、捧げたり、浄化したりするのです。

社会生活をする在家の人は、仕事の見返りとして利益を得ていて、浄まりにくいのです。心を使い、「もっともっと」と欲しがり、物を持つようになるのです。したがって、**お布施と奉仕ということが、在家の人の大切な修行となるのです。**

最初は意識的にお布施をして、それをつづけると、お布施の習慣が身につきます。「儲《もう》けすぎたから、じゃあ、お布施しよう」といった気持ちに自然となるのです。

捧げる行為をすると、気分がよくなります。すると仕事も順調になり、さらに仕事やビジネスがうまく回っていき、儲かるようになるわけです。

インドでは、お金持ちはお布施をします。そして、悟りを得た精神的な指導者は浄める力で、それを人の意識を高める運動に使っていき、世の中をよくしていくのです。ヒマラヤシッダー瞑想《めいそう》のセンターを運営したり、人々に教えを広めるために使うのです。それは世界を平和にしていくために使われていくのです。

このようにインドでは、チャリティでお布施をしたり、寺院を建てたりすることが当たり前の行為になっています。そしてつねに人を助け、またよいカルマを積むことを、生き方の中心に置いているのです。

お金への執着が取れたときに、本当の自分が現れる

お金はすべての執着の代表格といえるかもしれません。

物を購入するときは、お金を支払って手に入れるわけですから、お金という大きなエネルギーによる執着がつきまとうわけです。

ですから、お金を布施する、捧げる、あるいは物を捨てるとか、いろいろなエゴを捨てるなどして、お金への執着が取れたときに、本当の自分が現れるということです。

執着を取るには、見返りを期待しないで、なにももらわずに、出す一方にするとよいのです。もらってから感謝するのではなくて、最初に出す、つまり捧げたほうがよいのです。

また、まわりの人の幸せを祈ることです。

みんな、つねに自分のことが優先になりますが、そのレベルを卒業しなければ、とらわれのない、魂《たましい》の自由な人にはなれないのです。

お金への執着は自己防衛の象徴です。神に近づき、真の幸せになるためには、自己防衛の執着を外すのです。そのために、それとは反対の、捧げる行為、お布施をすることが、最高のカルマの浄化法になるのです。

最初から全部捧げられる立派な人もわずかにいると思うのですが、ふつうの人は、そうやって集めるばかりの生き方をしたり、自分のために使うのみではなく、捧げること、お布施することを取り入れて、浄化して内側が満たされていくのです。

瞑想でカルマを浄めることができる

よい行為をしたら、よい結果が返ってきます。それがこれまで述べたカルマの法則です。原因があって結果があるとか、悪いことをしたらバチが当たるとか、人にしたことが自分に返ってくるという因縁《いんねん》の法則（因果《いんが》の法則）のことです。

それは今生《こんじょう》で起きることもあれば、来生《らいしょう》に持ち越されることもあるのです。過去のすでにおこなわれた行為の結果が、今に現れています。

行為をすると結果が生まれます。カルマは行為のことですが、その記憶のことも含めていうのです。この結果の印象が、心や宇宙空間に記憶されます。その行為を神様が見ているということです。

行為には、体の行為や、心で思う行為、言葉の行為があり、それらが結果を呼ぶのです。人を傷つけたり、嘘《うそ》をいったり、人からなにかを盗んだり……、すべて自己防衛の心でおこなうことが結果を生み出し、それに翻弄されていくのです。

よいことも悪いことも、結果を生み出します。そうしたカルマから自己防衛の欲望が生まれ、自己防衛で相手を傷つけたり、相手に対する尊敬がなかったり、人を見下したりして、その報復を受けたりするカルマの報《むく》いが返ってくるのです。

つねによいエネルギーを出していくことが、よい結果になり、よいものがつくられるのです。ですから、この体と心をよいものをつくる道具にすることが大切です。

自分が愛をもって、あるいは感謝をもって、クリエイティブに、人を傷つけないで今を生きていけば、よい結果が返ってくるのです。そして、さらに次の結果がよくなる、というふうに循環《じゅんかん》していけば、明るい未来になっていきます。

過去には自己防衛で、無意識に人を傷つけたかもしれません。過去の心につながって、そのことを思い出したり、まいたカルマの種が実を結び、結果として返ってきたりします。しかし、それは学びです。そうして学んだら、さらに積極的にカルマの浄化をすることが大切です。

ヒマラヤシッダー瞑想は、カルマを浄めることができます。見えないところのカルマの記憶の蓄積を浄化します。

シッダーマスターを愛し、信じます。そして、奉仕とお布施をすることで、あなたのカルマは人の意識を高め、世界を平和にすることに使われていくのです。

見えない存在への信仰が足りなくて、心の執着につながると、カルマに翻弄され苦しみます。つねに高次元の存在につながり信じ、気づきをもってカルマの浄化をしつづけていくことが大切です。悪いことが起きても、「ありがとうございます。これでカルマの解消ができます」とお詫《わ》びすることで、それを離れていくことができるのです。

光が光を呼んでいく

カルマの浄化をして修行ができると考えれば、いろいろなことが起きたとき、「自分はセルフィッシュだったかもしれない、愛が足りなかったかもしれない、感謝が足りなかったかもしれない」などと反省をし、その出会いを感謝し、許して生きていこうというふうに思うようになるのです。

過去生《かこせい》のことは覚えていなくても、自分を守って、知らないうちに人を傷つけていたのかもしれません。計り知れないいろいろなカルマを積んできたのです。そうした見えないところでなにをしたかを覚えていなくても、なにか現象が起きることによって昇華される機会をいただけるので、それはありがたいことなのです。

「すべてのことから学びをいただいている」というとらえ方をしていくとよいのです。そうして自分が成長していくことが、明るい未来につながっていくのです。

ヒマラヤの恩恵につながることで、そうなるのです。否定的なエネルギーの暗闇ではなく、すべての闇を消す光につながるのです。そして**光が闇を消し、さらに光を呼んでいき、幸福な人生に導かれるのです。**

ところが、なにか問題が起きたとき、自分の心につながっていると、どうしても否定的な想念におちいってしまいます。そして自分で責めたりして、負のスパイラルになってしまいますから、未来の希望が持てないのです。

心ではなく、光の世界につながる

「気づき」とはなんでしょうか。自分の心の中を見つめるとき、そこにどんなことが起き、どんな思いが湧《わ》き上がっていますか。そこに見える姿とは、自分の心の働きと性質です。

人は通常、外のものを見ています。見たり聞いたりして、感覚がそれをとらえて、心が働き出します。心が動くのは、欲が湧き起こるからです。好き、欲しいとか、嫌い、欲しくないといった欲望です。そして、もっと欲しいとか、あるいはもっとよく見たいというふうに、欲がふくらんでいくのです。エゴにつながるわけです。そして自己防衛につながっているため、相手を悪く思ったりするのです。心の中を見つめると、そのことに気づきます。

瞑想修行をはじめることで、内側が見えてきて、毎日がそういう連鎖《れんさ》になっていたということに気づきます。

ですから、**「自分の本質は光である」という世界につながっていくことが大切です。そういう世界に道を開いてもらえるマスターに早く出会うとよいのです。**

ふつうは、自分の心の中のいろいろな思いにどっぷりと浸《つ》かっているため、なかなかそういうところから離れられないのです。わかっちゃいるけどやめられないというわけです。

心は始終ざわざわしていて落ち着かず、いつも疲れています。心につながっているため、つねに心のエネルギーのバランスがとれていないのです。

ヒマラヤ聖者からのディクシャを受けて、ヒマラヤシッダー瞑想をすると、マインドから離れる体験ができ、そして楽になったという思いが希望につながっていくのです。

心を手放すことを習慣づける

忙しくしているとき、あるいはなにか心配事があるとき、人は心をあれこれ使い、エネルギーを消耗しています。そして夜になると、どっと疲れを感じるのです。

たいがいの人は、その疲れを取るために、お酒を飲んだり、趣味を楽しんだり、いろいろなことを試みて、気分を転換しようとしています。

しかし、それは単に心の方向を変えただけで、相変わらず心にコントロールされていて、縛られている状況です。ですから意識が進化するわけではありません。

前項で紹介したように、ディクシャをいただき、瞑想秘法をいただくと、そうした疲れをすぐに回復できるのです。高次元のエネルギーにつながり、信じ、そうしたパワーで心を浄化して、それと離れ、充電することができるからです。

忙しい心や心配な心の根源にさかのぼって、理解して、心を超えるのです。

いま、心を楽にする方法として、ポジティブシンキングというものが主流の教えになっています。それもいいのですが、ただ無理に元気な心になって、それをやりすぎて加減がわからずにエネルギーが枯渇《こかつ》してしまうこともあります。

また、ネガティブな自分を責める考えがつづくと、負のスパイラルになって落ち込むのです。

心はそこにはまって、そこから脱却できないのです。それを脱していくのが、心を超えて源に還る悟りへの道、光への道です。つまり解《げ》脱《だつ》への道なのです。

＊

心というのは、原因があって結果が生まれて、その結果が原因となって、というふうに連綿とつながっていて、切れ目がないのです。いろいろな思いが心に湧いてきます。また、心は比較したり、あせったりもします。

そこでヒマラヤシッダー瞑想をして、聖なる波動につながるとよいのです。すると、心が鎮《しず》まり、それを手放すことができます。「ありがとうございます」という感謝とともにつながります。

自然のなかで、緑に包まれた景観や、木々や山、海と空などを眺《なが》めるのもよいでしょう。自然という、心ではないところを見るからです。

ただ、ヒマラヤシッダー瞑想で使うマントラの聖なる波動は、その波動自体がとても微細なので、自然を見るより、深いところを浄めてくれます。

聖なる波動のマントラを使う瞑想をサマディ瞑想と呼びます。この聖なる音の波動は、ヒマラヤの聖者がサマディで発見したものです。

すべての宇宙の創造物は、音と光から生まれました。そのなかでサマディ瞑想の波動が、内側を浄化してくれるのです。ですから、瞑想を習慣化することが大切です。

ヒマラヤシッダー瞑想は、聖なる波動と一体になっている

私が主宰しているサイエンス・オブ・エンライトメントには、祈りの言葉があります。それをみなさんが朝晩、唱《とな》えて祈っています。通常、心はつねにエゴで自分を守る方向にさまよい歩きますが、その祈りの言葉によって心が浄化され、悟りに向かっていきます。

ヒマラヤシッダー瞑想には、「感謝します」という内容の、聖なる波動を持つマントラがあります。この聖なる波動と一体になれば、エゴを落としていけます。

マントラの聖なる波動は、ヒマラヤのシッダーマスターから伝えられて初めて効力を発揮できるのです。

毎日その波動を使うので、由緒《ゆいしょ》正しきものでないと大変なことになります。

その聖なる波動は、シッダーマスターのエネルギーによって心身を浄めたうえで、安全

に、注意深く、段階を追って伝授されます。それはカルマを浄め、才能を引き出し、やがて悟りの最終段階のマントラが伝授されていくことになります。

マントラは、大人でも子どもでもだれでもすぐに唱えることができ、心を浄めることができるのです。

ヒマラヤ秘教のマントラは根源の波動

「般若心経《はんにゃしんぎょう》」は仏教の教えを説く経典ですが、それを読んだりすると、読み終えるまで数分かかります。それに般若心経は教えの経典であり、伝授されるものではないので、意味を理解することはいいと思いますが、マントラのように扱うことはできないと思います。

ヒマラヤ秘教の、ヒマラヤ聖者からのマントラは、究極のサマディから生まれたものであり、それはみなさんを内側深くに導いていく力があります。そのマントラを唱えると自然に瞑想になっていきますから、がんばる必要はないのです。

マントラには、その波動自体がエネルギーのセンターを浄め、パワーを創り出して、内側を浄める力があります。それは尊い存在の波動なのです。

「南無妙法蓮華経《なむみょうほうれんげきょう》」と唱えている人もいるようですが、これは「妙法蓮華経（法華経）」というお経に帰依《きえ》します」と述べている言葉になると思います。

ヒマラヤ秘教のマントラは、源《みなもと》の永遠の世界に入っていくものです。それぞれの音が、働きのある源の波動であり、霊妙《れいみょう》なる「音霊《おとだま》」なのです。

そして、マントラは各自に秘密に伝えられるものであり、公開されないのでパワフルなのです。尊い秘教の儀式で、シッダーマスターによってカルマが浄められて、深い静寂になったときに伝授される、秘伝のものなのです。

マントラのおかげで、愛と生命力が発揮されるのです。その高次元の波動そのものが、カルマを浄めパワーを引き出し、やがてあなたを源にガイドするのです。マントラが聖なる波動をつくり、さらに心身が浄められていくのです。

このように、悟りのサマディマスター、シッダーマスターから、マントラという尊い存在の波動が届けられることは幸いです。ヒマラヤシッダー瞑想は、この波動とともにありますから、深いところまで浄められ、変容できるのです。

聖なる波動で先祖を浄める

だれにでも、いつか死が訪れます。どんなに財産がある人でも、死はやってきます。

死ぬときはなにも持っていくことはできません。亡くなる際には、すべて置いていかなければなりません。

日頃から深い瞑想を体験していったり、死の供養《くよう》の研修で死について学んだり、よりよい転生《てんしょう》の修行をしたり、自分とは縁のない人でも、その死んだ方々の御霊《みたま》も含めて祈ったりする供養をするのは必要なことです。

世界平和を祈るなどの修行をすることは先祖を浄めます。あなたは自分の先祖と、体のクオリティがＤＮＡでつながっています。それは、「プラクリティ」というすべてを創る物質の元が、先祖からいただいたものであるからです。そこに先祖のカルマでずっとつながっているのです。

あなたがヒマラヤシッダー瞑想をしたり、あるいはお布施《ふせ》をしたり、修行をすることは、**先祖を浄めることにもなっていくのです。**先祖は瞑想をおこなっていなかったので、あなたがそうした縁をもって、シッダーマスターを通してアストラルにつながり、供養の機会を得ることができるのです。

シッダーマスターによって先祖の供養をしていただくと、悟りのマスターのサンカルパの祈りで先祖のカルマが浄められて、解放されるのです。サマディマスターの先祖供養は特別な祈りになりますから、すべての先祖の供養をやっていただくのがよいのです。そのことは、そこにつながるあなたのカルマを浄めることにもなるのです。

先祖を浄めて、先祖供養をするのは日本ばかりではありません。インドではだいたい七代前の先祖まで浄めます。私が主宰するサイエンス・オブ・エンライトメントでも同じことをおこないます。そうすることで、あなたの家系のカルマが浄まり、自由になることができるのです。

悟っていくということは、そうしたカルマからも自由になり、神と一体となり、宇宙の魂となり、神のようになり、自分や家系といった枠さえ外れて、みんなのために生きていくということです。

希望実現の体験談⑥

◆二〇年間手放したかった、姑へのわだかまりを手放すことができました

私は結婚した直後から、主人の両親に、「孫はまだか」と言われるようになりました。まるで自分が孫を産むためだけに存在しているかのような扱いに本当に傷つき、それが原因で、姑《しゅうとめ》（義母）のことが大嫌いになりました。

娘が生まれてからは、毎週毎週やってくる姑に辟易《へきえき》し、夫に文句を言うと、「老い先短いんだから来させてやってくれ」と言われ、孫のことしか眼中にない姑の態度を目にするたびに、憤懣《ふんまん》やる方ない思いを抱え、本当に耐えがたい日々を過ごしました。

私の中で、姑に対する怒りが嫌悪《けんお》感と憎しみにふくれ上がっていくことを、自分ではどうすることもできませんでした。しかし同時に、そんなふうに人を憎む自分のことを責めつづけ、どうにかしてこの苦しみから逃《のが》れたい、姑を許せるものなら許したいと、スピリチュアルなことを学ぶようになりました。

ヨグマタジに出会う前、姑との関係を改善するために、さまざまなヒーリングや、自分を浄化するといわれるワークショップやセッションなどに足を運び、お金も注ぎ込みました。しかし、いくらやっても、どんなにがんばっても、姑を許せないという気持ちをすっかり流し去ることはできませんでした。

たしかに表面的には、嫌悪感はおさまったかに見えました。でも、「姑のことを愛せるか？　本当に姑の幸せを願うことができるか？」と聞かれたら、けっしてイエスとはいえませんでした。

そんななかで、ヨグマタジのもとで初めて受けたワークは衝撃的でした。いままで何十回と受けてきたほかのセミナーでは絶対に越えられなかった、見えない天井《てんじょう》をポーンと越えて、高ーい視点から自分を見下ろし、「自分はただ義母《はは》に愛されたかったんだ、孫じゃなくて、私を愛してほしかったんだ」と気づいたのです。

でもその瞬間、「そんなわけない！　私はあんな人、大嫌いなんだよ。あんな人、いなくなればいいと思ってる。そんな人に愛されたいと思ってるなんて、信じられない。信じたくない」という猛烈《もうれつ》な思いが込み上げ、私はその場で泣き崩れました。

その事実を受け入れるのに三日かかりました。

私のエゴが降参して、それが真実であると認めたとき、私は二〇年間けっして手放すことができなかった義母への思いを、本当にすべて流し去ることができました。そして、本当の気づきは、癒《いや》しと許しと解放をもたらすことを、身をもって体験しました。

いまでは義母と一緒にいても、以前のような戦闘態勢になることもなく、リラックスしていられます。無理にがんばらなくても、自然と優しい気持ちが湧き、思いやりをもって接することができます。

こんなふうに義母の幸せを祈り、愛を送れる日がくるなんて、私にとっては本当に奇跡です。

だれかを恨《うら》みつづけるという、地獄《じごく》のような苦しみから救い出してくださったシッダーマスターに、心から感謝しています。

（H・A　53歳　女性）

◆脳卒中の後遺症が奇跡的に回復

五一歳の冬に、仕事中に脳卒中で倒れ、右半身不随《ふずい》で緊急入院しました。

個人でコンサルタントの事業をやっていたので、大学生の長女の学費、高校生の次女のこれからを思うと、しばらくは不安な日々を過ごしていました。倒れた当初は、右手右足はまったく動かず、自力で車椅子にも乗れない状態でした。

数ヵ月後、名古屋の病院から、東京のリハビリ病院への転院は、車椅子を妻に押されての移動で、松葉杖をつきながら、なんとか歩行ができるまでには回復してはおりましたが、コンサルタントとして人前に出られる状態ではありませんでした。

春を越えて、数ヵ月が過ぎ、リハビリ病院を退院する頃には、不自由ながらも、なんとか自立して生活ができるレベルに回復をしておりました。しかし、健常者に比べれば明らかに歩行困難で、右顔面麻痺《まひ》も残り、滑舌《かつぜつ》が悪い状態のままでの退院を余儀《よぎ》なくされました。

その夏にネット検索で、ヨグマタジのサイトに行き着き、渋谷での講演会を知り、参加させていただきました。そのときヨグマタジは、小さな声でお話しになっている印象を受けましたが、しだいに引き込まれ、講演会が終了する頃には、すがる思いで目黒の道場に向かい、そのままディクシャを拝受していました。

その後はできる限り道場に通い、夢中で著書を読み、マントラ瞑想に取り組みました。

そのように、ヨグマタジに帰依《きえ》し、サレンダーの気持ちを強めていくにしたがい、しだいに不自由だった右手右足も少しずつ回復に向かっているような感覚がありました。

一般的には、脳の病気での麻痺は半年が勝負で、それ以後は機能の回復は難しいと言われております。ところが、私の場合は倒れてから一年半以上たったいまでも、回復をつづけております。

とくに、インドの聖者の祭典、クンムメラに参加をさせていただいた後の回復は奇跡的で、右腕は倒れる前以上のレベルで、ゴルフができるまでに回復しました。

また、アトピーで調子が悪いときには人前に出られないほどでしたが、肌がすっかり回復し、さらに薄毛だった髪も生え、ビジネスも、倒れる前よりも業績を伸ばしています。

長年不仲だった妻との関係も画期《かっき》的によくなり、二〇年以上かけられたことのない、「ありがとう」「感謝してます」という言葉が、メールでも届くようになりました。

いまでは人間関係、仕事関係の悩みはまったくなくなり、以前よりも断然健康的になり、若々しい日々を送っております。

ヨグマタジに出会い、お導き、お守りいただいているこの奇跡は、まったくありえないことであり、このような出会いをいただいたことに感謝の日々です。

家族、友人にもヨグマタジの書籍を渡しはじめております。近いうちに、娘にもヨグマタジのディクシャを拝受させたいと思っております。

いまは、七日間の合宿を申し込んでおりますので、そこに参加させていただくことが目標です。私が受けた恩恵を、今後は周囲の人々へ恩返しをするよう努めてまいります。

本当に尊い出会いをいただきましたことを、心より感謝しております。ひきつづき、どうぞお導きくださいますようお願いいたします。ありがとうございます。


（Ｎ・Ｍ　53歳　男性）

第7章　太陽のように輝く

――本当の自分は、いつもグラグラしている脆い自分ではなく、太陽のように揺るぎなく光り輝いています。本当の自分、魂は完全なのです。

不老不死の秘密

健康で長生きしたいと願う人が増えているようです。

最高の長寿の生き方というのは、ヒマラヤ秘教に伝わるイモータル、つまり不死になるということです。これはとても意識の高い考え方です。

昔、秦《しん》の始皇帝《しこうてい》が、すべての権力を手に入れたあと、どうしても手に入れたいものは不老不死であり、その不老不死の霊薬《れいやく》を探すように命じたと聞いたことがあります。

不老不死の秘密はヒマラヤ聖者が知っているのです。それは単に薬で長生きをするということではなく、真理を知るということです。

中国では古来、不老長寿を尊ぶ思想があり、そのため医学も発達したのだと思いますが、もともとそうした思想はインドが発祥の地であり、不老長寿の考え方があったのです。その最高の考え方が、究極の悟りを目指すヒマラヤ秘教の不死、つまりイモータルになることです。中国にもかすかにそうした考えが伝説として伝わって、不老不死の霊薬は東方にあるとか、日本にあるとかいわれたようです。

ヒマラヤ秘教の真理とは、不死になることです。すべての物質を動かしている神の存在、

永遠の存在と一体になることです。それは永遠の命になるということです。

それが究極のサマディであり、心を超えて源《みなもと》の存在、すべてを創り出す存在になるのです。つまり不死になるということです。それが真理であり、それを体験するのが究極の悟《さと》りなのです。

＊

人はプラクリティというすべての物質の元からできており、それがさまざまに展開していろいろな性質と物質を構成し、体ができたのです。そして、それは変化し、やがて消えていく死ぬ存在です。

もちろん、それを浄めて機能をよくして、またバランスをとり、いたずらに興奮しないで、静寂になり、その汚れを浄化すれば、いつまでも若々しくいられます。プラーナも十分供給されて若返ります。

いつもストレスでイライラしたり、働きすぎたり、悩みすぎると老け込むのですが、心が静寂になり、ゆったりとして楽に生きられれば、健康でいられるのです。

さらに、そうした体と心を磨《みが》くとともに、それを動かし生かしている死なない存在があります。その永遠の存在、永遠の命の存在を悟っていくこと、それを目指すこと、それが究極のサマディなのです。それを知ったとき、不死になるというのです。

心に振り回されないで、永遠の静寂にあり、苦しみがなく、そこから戻って愛を使って生きることで、喜びをもって生きられる。そうしたことを目指すのが、永遠の命をいただく生き方なのです。

心と体を浄化してサマディに近づくことで、そこからのパワーをいただき、智恵をいただいて、ストレスがなく、長生きができ、幸せな生き方ができるのです。

長生きをするために大切なこと

さて、人はサマディに向かうのですが、それを目指すプロセスで、体と心が浄化されて健康になります。健康については、調和をはかることが肝心《かんじん》なのですが、欲をかいて神経や体やあるいは内臓を使いすぎたりして、バランスが崩れている人が多いようです。

だれもがバランスをとる力を持っています。病気になり、雑菌《ざっきん》が体に侵入したら、それと闘うために、菌と闘う白血球が増えていき、バランスをとろうとします。ですから血液検査をすると、通常より白血球が多い数値になっています。それは悪いことではなく、体が正常に機能しているわけです。

バランスが崩れると自然回復運動がおきます。つまり自然の治癒《ちゆ》力が働き、バランスを取り戻そうとします。

このようにありがたい力が働いてはいますが、年齢とともにいろいろな偏《かたよ》りが生じて、全体のバランスをとる力も弱くなっていきます。そうしたなかで病気になったりすると、その部分だけが闘ってバランスをとろうとするので、無理をすることにもなります。

ヒマラヤ秘教は、神の力をいただき、心身を浄化して、深いところからリセットして生まれ変わらせてくれます。根本から純粋なバランスをとり戻し、完全な健康をとり戻していきます。一時的なバランスではなく、深いところからの正しいバランスをとるのです。

そのためには、トータルに浄《きよ》め、生まれ変わっていくのです。生き方も変えていくのです。正しい生き方をして、気づきを増していくことが大切なのです。

そして偏らないように生きていきます。「中庸《ちゅうよう》」の生き方です。それを学ぶとよいのです。仏教でも、そうした考えが取り入れられています。

私たちの体の宇宙の五つの元素と、異なる三つの性質については第3章で説明しました。それらを浄めて純粋にしていかないと、ストレスを呼び込み、心の中にガラクタの考えや、体に老廃《ろうはい》物をため込んでしまうのです。

そうしたゴミのようなものを排出し、新たにゴミが生じない生き方をすることが肝心なのです。

ため込まれたゴミは毒にもなります。ストレスを感じたり、なにかを嫌ったりすると、毒になってしまうのです。嫌いなものに接して、いやだとか嫌いだなどと思っているうちに、毒が生じるのです。

ですから、嫌ったり、いやがったりしていると、寿命《じゅみょう》が縮まってしまいます。

また、長生きをするには、ストレスを減らすために適度に休むことも大切です。そうしてバランスをとるようにするのです。

ストレスがないことは長生きにつながります。あまり心を使いすぎると、ストレスを感じて疲れてしまいます。寝ても回復しません。

＊

人には、仕事や使い方などによって長いあいだかけてできた体の癖《くせ》や心の癖があり、バランスが崩れています。不死である本当の自分や、永遠の存在のことを考えたこともありません。しかし、**心身のバランスがとれれば、リラックスして源への入り口に立つことができ、長生きに導かれるのです。**

そこに向かうのがヒマラヤシッダー瞑想です。瞑想によってバランスが自然にとれて、すべてが楽に生きられ、健康になってくるのです。なぜなら、**ヒマラヤシッダー瞑想は、見えないところの汚れ、だれも浄められないところを積極的に浄化し、再生してくれるからです。**

心をリラックスさせて、夜も深く眠れるようになりますから、だらだらと長く寝なくてもよくなり、そして早く休まり、すべてがリフレッシュするのです。健康になるための根本的な問題をすべて解決してくれるのがヒマラヤシッダー瞑想なのです。

感謝して食べれば薬になる

「なるべく健康によいものを食べたい」と願う人が多いようです。しかし、食べ物に執《しゅう》着《ちゃく》するあまり、大変なこだわりの人になってしまうと、心が狭《せま》い人になって、疲れてしまいます。

「気をつけるけれど、気にしない」というふうにならなければなりません。気にしないで食べすぎているのは自暴自棄《じぼうじき》ということです。

腹八分目を守るというふうに、体によいことをしていても、それにこだわりすぎて、ふだんより多めに食べたとき、「ああ、毒を食べてしまった」とか「今日は失敗してしまった」などと後悔《こうかい》や罪悪感が生じて、それがストレスになる人もいるようです。

どんなに健康によいものだけを選んで食べるようにしても、それを恐れたり、嫌ったり、欲の心で食べたり、執着したりすると、ストレスになります。ですから、そうした心のこだわりを最小限にしていかなければならないのです。

もちろん、自分で気づいて、清潔なものを食べたり、新鮮なもの、自然なものを選んで食べたりすることは大切です。

いくら健康食にこだわっていても、それでジャッジばかりするようになると、感謝を忘れてしまいます。

重要なのはジャッジすることではなく、愛することなのです。

愛には癒《いや》す効果があります。感謝して受け入れる気持ちで食べれば薬になるのです。いろいろなことについて、感謝すると薬になるのです。

ですから、食事だけでなくなにごとも、無欲で行動し、感謝してお任せしておこなうとよいのです。

感謝は、ありがとうという気持ちの表れです。そこには愛があり、尊敬がありますから、それを受け取ったほうも気持ちがよくなり、リラックスして、よりよい波動を出すのです。食べ物からも、あなたに食べられてうれしい、という感謝の思いが伝わってくることでしょう。

大切なことは、愛をもって生きていくこと、そして調和をはかることです。自分自身を尊敬して、ありがとうございますと、体に感謝し、心に感謝していくことが大切なのです。

出家して、托鉢《たくはつ》して食事をもらいにいくときは、新鮮なものをくださいというわけにはいきません。余りものの場合もあるでしょう。もらったものを拒《こば》まず、すべてありがたいと、おいしくいただくのが出家者の心構えです。

もちろん差し出す人は、いらないものを差し出すのではなく、尊いもの、大切なよいものを尊い方に差し出していくのです。すると、自分のカルマが浄められるのです。そしてお互いが感謝で浄まり、神の恩寵《おんちょう》がやってくるのです。

簡単に書きましたが、とらわれることをやめることは難しいのです。また感謝すること、愛することも難しいのです。

あなたがヒマラヤ秘教の信頼と、カルマを浄める瞑想の修行をすると、そうしたことが自然におこなえるようになり、とらわれないけれども健康にいいものを選べるのです。

すべてに感謝して、神の恩寵を受けて、楽に生きていくことができるのです。

病気を治すには、しっかりと感謝する

だれもが、自分が重い病気になるとは思っていないことでしょう。しかし、どんなきっかけで、いつ病気におそわれるかわかりません。

病気になるのが怖いという人がいます。病気を治したいという希望を抱《いだ》いている人もいます。心配ばかりしていたり、あるいは体のメンテナンスに無頓着《むとんちゃく》だったりすると、病気になってしまうものです。病気は、バランスがとれないときにかかるのです。

ある人が「自分は一生懸命、気合《きあい》で生きている」と言っていました。たしかにその人は、風邪《かぜ》ひとつひかない感じで、がんばっていました。風邪もひいていられないということなのでしょう。気が弱く、おどおどしていると、病気が寄ってきます。意志の力は大切ですから、そうしたことも健康の秘訣《ひけつ》といえるかもしれません。

病気は、早くよくなるために、体がバランスをとろうとしている姿でもあります。たとえば発熱するのは、熱を出して病原菌と闘って、早く殺菌しようとしている場合が少なく

ありません。

したがって、病気を治すには、しっかりと病気に感謝しなさいと、ヒマラヤ秘教では教えています。

そして、体がゆがんでいたら、バランスをとるようにし、精神的に疲れていたら、リラックスします。迷惑をかけた人にお詫《わ》びをし、周囲の人に不義理をしないようにします。日頃みんなによいことをしていきます。利己的であったり、わがままであると、どうしても病気にかかりやすくなるのです。

体に感謝して、心に感謝して、内側から充電されるようにします。そして信仰して、神から無限のパワーをいただいて、バランスを保っていくことが大切なのです。

神の恩寵であるアヌグラハのディクシャをいただき、さらに慈愛のエネルギーであるクリパのディクシャをくり返して浄め、パワーをいただいていくと、ガンが消えるということもよくあります。

そうした深いところからの恵みをいただけるのは、究極のサマディマスター、すなわちシッダーマスターがいるからです。

シッダーマスターを橋として、アヌグラハという神の恩寵をいただくことができます。

シッダーマスターはさらに、さまざまな秘法でバランスをとり、また細胞に活力を与え、悪いものを取り除き、よみがえらせてくれます。アヌグラハとともに、深いところから癒されて、充電され、楽になるのです。ヒマラヤの恩恵をいただけるので、治癒が早くて顕《けん》著《ちょ》なのです。

つらい現状から救われるには

シッダーマスターのエネルギーと意識は、みなさんの意識を進化させます。心につながり、つらい混沌《こんとん》とした闇を光に変えていきます。心に気づきを与え、一瞬にして救い出すのです。そして自動的に純粋な心、つまり純粋な意識に引き上げるので、楽になります。最高の意識となる究極のサマディを成就《じょうじゅ》し、真理となり、神と一体になって、シッダーマスターはサマディから復活したのです。そして神のエネルギー、神の恩寵を与えることができる存在となりました。ヒマラヤ聖者は何回も、究極のサマディに没入《ぼつにゅう》して、復活したのです。

シッダーマスターにつながり、アヌグラハに信頼でつながることで、いろいろな奇跡が起きます。それは、シッダーマスターが神につなげる橋になっているからです。

つらい現状から救われたいと願って訪れる人は、救われることがあまりにも自然に、当たり前に起きるので、その奇跡の変容がどんなに尊いことなのかわからないほどです。すっかり痛みもなくなり、あまりにもよくなるので、自分はもともと悪くなかったのでは、と思えるくらいの感覚なのです。

真理による話を聴いて、深いところから、そうなんだと素直に思うことができると、私のアヌグラハをいただいて、癒しが起きます。

みなさんは自分は心と思い、その心を使い、それと同一化しているので、その心から離れることができないのです。心の思いに翻弄《ほんろう》されて苦しいのです。それを大きく変え、さらにその心を超えて真理を悟っていくことができるのが、ヒマラヤ聖者の教えです。心を切り離す力がそこにはあるのです。

ヒマラヤ秘教の実践《じっせん》で心が外され、心の動きが見え、愛が見え、愛を選択することができるようになるのです。それには、まず、あるがままを受け入れることが大切です。

✴

瞑想修行によって、ストレスに満ちた、混乱した否定的なエネルギーが溶け、心の奥にあるハートが開き、無限の愛が目覚めます。見えない存在を愛し、自分を愛し、まわりに愛をシェアして、どんどん関係性がよくなるのです。

そして、いま起きていることを受け入れます。すべては自分で起こした原因があって、結果が生まれて、それが原因となって結果が生じて、ということで現状があるからです。この現状にいたったのは自《じ》業《ごう》自《じ》得《とく》であるからなのです。

この現状を受け入れたうえで、よいエネルギーにつながり、無限のエネルギーにつながるのです。

ディクシャを受け、真理につながり、瞑想秘法の音の波動をいただき、神様に祈るなど、少しでもできることをやっていくとよいのです。心を超えていくことは難しいのです。心が外れることは容易ではありません。

ヒマラヤ聖者には、いろいろな秘法があります。それをあなたにシェアしています。前項で述べたアヌグラハディクシャは、マスターからのサマディパワーの直接伝授です。その後、マスターのエネルギーをクリパで伝授し、さらに浄めていきます。高次元のエネルギー伝授で、すみやかにカルマを浄め、深い瞑想を起こし、心を静寂にしていきます。

クリパもアヌグラハの恩恵です。悟りのマスターのエネルギー伝授を受けられることは、この世ではありえないことなのです。その恩恵がこうして、継続して受けられるチャンスがあり、信仰によってそれを受け取ることができるのです。そして、自然に心身が浄まり、心を変容させていくことができるのです。

心の強い人、体の強い人、心の弱い人、体の弱い人などがいて、それぞれ処方箋《せん》が違いますが、真理の道に入っていくと、等しく癒しが起き、変容に導かれるのです。

エゴを外すには、ありのままを受け入れていく

自分のことを役立たずの人間だとか、生きる価値のない人間だなどと嘆《なげ》いて、相談にくる方もいます。

みなさんは、社会的に偉いことをしないとダメなどと思い込む必要はありません。なによりも大切なことは、人生を生き抜いて、自分を浄めて、できるだけ意識を進化させていくことなのです。

社会で重要なことをしなくても、自分を浄めていくことで、その波動が社会全体を浄め、みんなの意識を高めていくのです。

肝心《かんじん》なことは自己の存在を信じ、宇宙的な愛に気づき、それをシェアし、自分のカルマを浄めて生きていくことなのです。

そういう生き方をしていると、自分自身の調和がはかられていき、そのことがまた、まわりの人の調和をとっていくことにもなります。

しっかり本質とつながり、真理の基盤に向かう生き方をします。それはみなさんがエゴを落とし、愛の人になり、そして自然になるということです。そのことが地球を救い、人類を救うことになるのです。自分自身はもちろん、先祖にもまわりの人々にも、調和の波動が伝わって、よりよい方向に進んでいくのです。

＊

自分を必要以上に卑下《ひげ》して、価値がないなどと思う人は、自分をよく見せたいといったエゴが働いているかもしれません。それは自己防衛をして、厚い心の鎧《よろい》を身にまとっているのです。自分を否定して、まわりからの攻撃を回避しているのかもしれません。

また逆に、自己肯定感が強すぎると、エゴの強いナルシストのような人になってしまうのです。

そういったエゴを浄化するためには、まず、なにも隠そうとしないで、ありのまま受け入れていくことです。

自分をよく見せるとか、不自然であるとか、自分は背伸びしているなどと、自分のエゴに気づいて、それをただ見つめて、なにも気にしないで、そうした思いも受け入れ、ただそこにいるようにします。あるがままを受け入れるのです。

心を超えるというのは、容易なことではありません。人は簡単に、その思いをなくすことができません。思い込み、執着があるからです。

それを浄化して、その思いを薄くし、心の源に達し、空《から》っぽになっていき、心を超えて自己になっていくのが、ヒマラヤ秘教の修行なのです。修行をしていくとマスターの祝福で、自然にあなたは楽になることができるのです。

つねに不安を感じて安心できない人

「つねに不安を感じて、安心できないのです」と相談にくる人もいます。

社会が競争にさらされ、つねに変化していますから、先が見えません。世の中のこと、また自分のことについても、なにを信じていいかわからないのです。

自分が、外側のつねに変化するものにつながっていて、本当の自分になっていないのです。心につながり、その心がつねに変化していますから、いつも不安で不足を感じているのです。

本当の自分になったときには、安心することができるのです。本当の自分とは動かないものであり、不動のものにつながったら、安心できるのです。

楽しいことやうれしいことを体験しても、その喜びというのは感覚の喜びや心の喜びであって、またなくなってしまいますから、「あれ、消えてしまった」と不安になるわけです。

✴

本当の自分というのは、いつもグラグラしている脆《もろ》い自分ではなく、太陽のように揺るぎなく、光り輝いているのです。本当の自分、魂《たましい》は完全なのです。

ところがみなさんは、仮面をかぶり、借り物の衣装を身にまとい、その輝きを覆《おお》い隠しているわけです。

そして、本当の自分が輝いていることを知らずに、自分を不足の人だと思い込み、いろいろなものをかき集めて、心と体がゴミの山になっているのです。

自分の内側が見えないので、外側だけ美しくしようとしているのですが、それがきれいでないといって、不満を抱いているのです。

自分には資格がないとか、いい大学を出ていないとか、器用ではないとか、頭がよくないとか、そんなふうに外側のことを比較して、そこに不足を感じているのです。そうして、自分は優れたことをしていないとか、自分はいたらない人間だなどと思い込んで、卑屈になってしまうこともあるのです。

自分も他人もジャッジしない

人は、ものを見るときに自分の価値観を通して見ています。すべてをそれによって判断しています。自分と同じ価値観だといいのですが、自分の価値観と違うと、その違いを判断して受け入れられなかったりするのです。そのことをジャッジするといいます。

たとえば、どうしてあんな格好をしているのか、どうしてあんなことを気にするのかなどとジャッジし、自分とは違うことを受け入れられないのです。

人は、他人に自分と同じ考えを持ってほしいと願い、そのほうが生きやすいと思うのかもしれません。違いがあると、それに対してチェックをするのです。この違いをすばらしいと感じられればいいのですが、そうもいきません。

人の心は変えられません。また、自分の心もわかりません。こうしたことで自分が不愉快にならないように、もっと、意識を高めていきます。自分自身が気づきを持っていくのです。

いまの自分を受け入れます。すべて原因があって結果があるのです。そして必要なことが起きているのです。さらに進化することで、自分の運命を変えることができるのです。

自分の物差しで相手をはかると、すべてが自分に合わなくなります。そして、自分が正しいと思うと、相手に不足を感じ、ジャッジすることになってしまうのです。それは両親、兄弟、上司、友達、世の中などとの関係すべてについていえることです。

ありのままの自分も、ありのままの他人も、ジャッジしないで受け入れることが大切です。自分もジャッジしない、そして他人もジャッジしないのです。

自分の汚いところも、相手の汚いところも、「まあ、いいか」と認めていくことです。相手の不完全性を思うと、全部が不合格になって、相手をジャッジすることになってしまうのです。

「本当の自己」と「セルフ」の深い意味

「セルフ（自己）」を探究していきます。体と心は、自分ではなく、やがて変化するものです。「自己」は心を超えたところにあるものです。

しかし、心の曇《くも》りが長く覆っていると、それを知らず、それをどう超えていいかもわからないのです。

「本当の自己」すなわち「セルフ」というのは、魂のことです。「自己」とは、個人の魂のことで、それをサンスクリット語で、「アートマン」といいます。

心理学でいう「自己」は、「自分という人格的存在」とか「自己イメージ」といったことを指す場合が多いようですが、「自己」「セルフ」にはもっと深い意味があります。

ヒマラヤ秘教でいう「自己」「セルフ」は「真我」ともいい、魂のことです。心と体を純粋にすると執着がなくなり、心を超えることができ、そこに「自己」があるのです。

体と心を変容させ、「セルフ・リアライゼーション」（自己実現）をすると、魂につながるのです。魂はたくさんありますが、もとは一つの大きな魂、「パラマアートマン」から分かれたのです。パラマとは偉大という意味ですから、パラマアートマンは宇宙の魂ともいえます。

さらにそれを超えると、至高の存在である「ブラフマン」に行き着きます。ですから、それこそが「本当の自己」「本当の自分」となるのです。

安易に、本当の自分といいますが、いまだ心が曇っているときは、本当の自分はそこにはないのです。そのことにしっかり気づいていかなければなりません。

それにはまず自己、魂につながって、心身を浄めて、それを超えていく修行が必要なのです。それがヒマラヤ秘教の教えです。

地震や噴火、洪水を免れるには

人は幸せを求めて文化を発達させてきました。自然と闘い、文化を築いてきました。そして地震や噴火、洪水といった自然災害を免《まぬか》れたいという希望を抱いています。

そんなみなさんになによりも知っていただきたいことは、**地球も、人間の体と同様に変化しているということです。**

地球を掘り起こしたら、バランスをとるために地震が起きます。人間が自動車を走らせたり、電気を起こしたりして地球が熱くなったら、地表にひずみなどが生じ、大気が変化して、豪雨になったり、強風が吹いたりします。

文化が発達すると、欲望によってエネルギーを使いすぎて、地球が不自然な状態になります。そのバランスをとるために、気流が動いたりして変化しているわけです。

人間の体も、年をとって変化してしまうので、不安におそわれる人も少なくないようです。そして自分は非力でなにもできない、だれかがやってくれる、政治がやってくれるはずなのに、やってくれない、などと文句をいっていますが、それでいいのでしょうか。

みんなの努力で発達してきた文化です。幸せを望んでつくった社会です。先祖が努力してきたのがいまの結果です。しかし、それは人間の欲望によってつくり上げたものでもあります。

日々、学びなのです。真の幸せ、真の生き方になるにはどうしたらいいか、どうしたら安心をいただいて生きていけるのか、探求を重ね、発見されたその幸せになる教えがヒマラヤ秘教です。

あなたが災害から守られるために、この地球と同じ要素である体を整えることで、あなたは平和に貢献できるのです。

体という小宇宙をよいものにしていきます。行為を正していきます。さらにヒマラヤシッダー瞑想をしていきます。源につながり、中心につながり、そこからの愛ある行為をしていきます。地球さえも浄め、地球のバランスをとり、自然災害が鎮《しず》まるのです。

そうやって人間のエゴを落として、もっと地球が平和でありますように、と祈るとよいのです。

一攫千金を夢見る人とは

若者たちのあいだでは、楽をしてお金を儲《もう》けることを賞賛する風潮があるそうです。そのように楽々と、いっぺんに大儲けすることを「一攫千金《いっかくせんきん》」といいます。そんな夢が叶《かな》って、苦労せずに巨額の利益をあげても、あの世にお金は持っていくことはできませんし、そうして得たお金はすぐに消えてなくなるものです。

そうしたことについての出版やセミナーなども花盛りのようです。もちろん夢を追うこと自体はよいのです。ただし、それは人を傷つけないとか、人のものを盗まないとか、道徳にもとづいたものでなければならないのです。

この体と心を神様にいただきました。それを浄めて、体と心を正しく使うことで、潜在意識にある才能が目覚め、人に喜ばれるようになるのです。ですから、自分をさらに磨《みが》いて才能を生かしていただきたいと願います。

一攫千金を夢見る人の多くは、いままで心が寂しかったり、なにかのコンプレックスを持っていたのかもしれません。なにかの差別やいじめなどで、また失敗などで傷ついたエゴを癒すために、お金を手にして幸せになりたいといった、強い欲望があるのかもしれません。

そして人生で、リッチさや豊かさといった勝利の歓びをつかみたいのです。お金や物や、ブランド品のような高価なものが自分を癒すと思っているのかもしれません。もちろん、そうしたものを手に入れると心や感覚が喜ぶのでしょう。

しかし、欲望はどんどんエスカレートしていきます。いくらお金があっても足りなくなっていきます。生活がどんどん派手になっていきます。人によっては高価なヨットを買ったり、豪遊したりするようなことが、豊かさの証《あか》しだと思い込んでいるのかもしれません。

宇宙に行きたいという人もいます。ロケットで行く宇宙は一瞬のもので、無重力の体験は外側の体験です。メディアなどで紹介されて優越感を感じるのも、みんなの興味と羨望を集めるのも、一瞬のことなのです。そこから戻ったら、また、ただの日常生活がはじまるのです。

悟りの修行をして体験する宇宙は、永遠に変化しないものです。悟りの修行によって、宇宙のすべてを手に入れることができます。意識が進化し、愛と智恵と生命力を手に入れ、人格も高まるのです。そして、そこから帰還すれば、日常のなかでみんなの称賛を生涯、受けるのです。

お金があっても、ただ感覚と心の喜びのみに時間を使って過ごすことになるものです。お金が余っていて、仕事から離れて、友達を呼んでパーティーをしたり、感覚の喜びに浸《ひた》ったり、贅沢《ぜいたく》な生活をするようになります。お酒をいつも飲んだり運動不足になったりして、体をこわす人や、身を持ち崩すような人も出てきます。

また、自分だけで楽しむのではなく、まわりにそういう人を呼び寄せるようになると、自分の人生が怠惰《たいだ》なものになるだけでなく、お金と他人に依存する人をつくってしまうのです。

しかも、そんなふうに表面の華やかさでごまかしていても、その繁栄は、永遠ではなく、つねに内側に不安を抱えているのです。

それに反して、**自分の内なる神秘の力を目覚めさせ、実力を磨いて正しい生き方をして働いていると、それに見合って、体も丈夫になったりするものです。**

お金に執着するのではなく、人のために生きていくことが大切です。

お金を儲けることを目的に起業する人も多いのですが、そこで成功する人はほんのわずかです。もちろん、実力のともなった起業をして人を雇い、その方の家族の生活も支えることはすばらしいことです。そうした、人のためになる大きな夢の実現は、大いに応援したいものです。

ヒマラヤ秘教は悟りへの道の実践の教えですが、歩んでいる途上であなたの望みも叶えられていくのです。それは、あなたの内側を目覚めさせ、才能を開花させる力を与えることができます。執着が外れることで人格を磨き、より人のためになる大きな成功をおさめることができます。

あなたは正しい生き方をして、実りのある人生を築き上げることができるのです。

瞑想は欲望を超えていくもの

昨今、お金を儲けることを願って、瞑想をしている人もいるようだと聞きました。

富豪になりたいという希望を抱いていても、お金を儲けたり、金持ちになったりするために瞑想するというのはよくありません。

瞑想は本来悟るためのものであり、欲望を浄化してそれを超えていくものです。

自分のエゴの欲望を叶えたり、超能力を獲得《かくとく》して自分が特別な人間だと見せつけたり、プライドを高めて偉そうな人になるためにおこなうようなものではありません。

瞑想は自己をコントロールするためのものです。瞑想のパワーが慈愛の思いにつながると、エゴは落とされるのです。

自分で気づくということ、自分自身をコントロールするということがなければ、瞑想は危険なものになってしまうのです。

ヒマラヤ秘教の真理も、感覚や心の喜びに使うと、身を滅ぼすことになります。危険なのです。正しく学ばずに悪い用い方をすると、みずから滅ぶというか、自業自得になってしまうのです。

エゴの人がさらにエゴを強めるために、ヒマラヤ秘教を使ってはなりません。そういうことをすると、必ずしっぺ返しがあると思うのです。

「美しくなりたい」と言ってくる人へ

「自分の容姿が嫌い。きれいになりたいんです」と言ってくる人がいます。

社会が見た目を気にするからかもしれませんが、そうした価値に重きを置く考え方があります。それゆえ、見た目を気にする人も多いようです。本来、美しさは内側からにじみ出るものです。付け焼き刃は、すぐはがれてしまいます。

では、**内側をどうしたら美しく磨けるか。それにはカルマを浄めるのです。**

ヒマラヤ秘教の教えは内側を整え、源の真理を知っていきます。それは秘密の道なのですが、その道を歩んでいくと、すべてが整うという修行の副産物が現れます。

内側の修行をつづけ、エネルギーが整うと、持って生まれた容姿も変わり、細胞の質も変わってきます。つまり変容するのです。そして体のバランスが悪いのも治りますし、肌のツヤも内側からよくなります。

やはり智恵ある体、気づきのある顔、慈愛に満ちた顔というのは格別なのです。そうした人は目つきも、純粋な目というか、相手を尊ぶ目というか、人を敬愛する目になっています。

修行して、クオリティの高い、そういう人になることが大切なのです。

熱心に指導してくれる美容関係者の助言をもらったり、さまざまな美容の効能をうたう商品を愛用して、どんなに外側だけ凝っても、不自然な演出になったり、疲れてしまったり、出費がかさんだりします。そうしたところに費すお金と時間はバカにならないものになります。

またお化粧にはまってしまうと、加減がわからなくなってエスカレートし、それが癖になってしまいます。

内側の修行は、いろいろくっつけたものを取り除いていくという修行です。すると、こだわりがなくなり、生きることが楽になるのです。

そして、ディクシャでいただく音の波動や光の波動の修行は、宇宙の根源のパワフルな秘密のレーザー治療となり、見えないところからマッサージをして、よみがえらせてくれるのです。

聖なる波動で浄めていくと、ナチュラルな、そして慈愛があふれ出た、本当の魅力ある人になっていくのです。さらには神からの祝福で、安心と自信に満ちてくるのです。

友達ができる秘訣とは

「友達がほしい」、そう願っている人も少なくないようです。

そうした人は、たくさん友達がいることが豊かさの象徴のように思っているのでしょう。ですから、自分を曲げて友達に付き合ったり、友達に媚《こ》びたり、嫌いな人に合わせたりするのです。

そんな人は、内側に不安とか寂しさがあって、マインドのつながりが豊かさだと思っているのです。瞑想などの修行をして、自分の内側を豊かにしていかないで、友達に迎合《げいごう》するばかりでは、疲れてしまいます。

自分の中に、内面的な魅力やクリエイティブな発想力があれば、友達のほうから寄ってくるのです。自分を磨いて、魅力ある人間にしていたら、だれからも好かれるのですから、年をとったら特に、みんなが寄ってくるような人になっていくことが大切です。

「その人といたら幸せになれる」、そうした人になることが、友達ができる秘訣なのです。

老後の問題などいろいろ不安があります。しかし、自分の中の真理に出会うこと、それが人生の最終目的であるのです。

真の自己が最大のあなたの応援者であり、見守る存在であり、友であり、父であり、母であり、先生なのです。そこにつながり、その願いを表現していくことが大切なのです。愛と尊敬を表していくのです。

そうすることで、自分の内側に自信が築けます。自分を愛し相手を尊敬できる人は、平和で、満ち足りていて、だれにも依存することなく、本質とのつながりを大事にしていくことができるのです。

✴

自分を省《かえり》みて、まず否定的な心や、恨《うら》みやトラウマがあるなら、信仰心を養い、奉仕やお布施《ふせ》をしっかりおこない、エゴを外していくことが大切です。過去生《かこせい》からの何億年のカルマを一気に浄めてもらおうとか、すぐ幸せになりたいというのは虫がいい話なのです。

自分を浄めるには、それだけの厳しい修行の覚悟とリスクが必要です。宝くじを引いて、努力なしに一気に幸せになり、悟るといったことはできないのです。

まず、エゴを外すのです。怒りや比較の心やジャッジする心、否定的な心を取り、鎮めるのです。信仰をして純粋な愛を育《はぐく》み、自他の幸せのためにとりかかるようにするとよいのです。

すると、やがて、人のために生きることが自然の喜びとなっていくのです。

自分勝手にエゴを強めるために、けっしてヒマラヤ秘教の教えを使ってはならないのです。効果がすぐに出ないからといって、せっかくいただいたディクシャの絆《きずな》やマントラを放棄するのは、みずからよいエネルギーとの縁を断ち切ることであり、天に唾《つば》することであり、すなわち自分に返ってくる行為なのです。

勘違いして性急に結果を求め、真理を正しく学ばずに、セルフィッシュな解釈で瞑想を悪い用い方をすると、みずから滅んだり、自業自得の結果になります。エゴを強めようとして、ヒマラヤ秘教を使うと、必ずしっぺ返しがあると思います。

すべて、あなたのためにある真理なのです。謙虚な新しい生き方、目覚めの生き方をしていく必要があります。

長年のこの真理の教えはつつましいものなのです。それは、つねに信頼を選択し、自分のエゴの欲望を捨てるということなのです。

希望実現の体験談⑦

◆目に感謝し、食べ物に感謝し、安心するようになりました

目の病気にかかっていることがわかったのですが、長年実践《じっせん》していた穀物菜食（マクロビオティック）にすごくこだわり、薬への恐怖が強くて、どうしても西洋医学の治療を受ける気になれませんでした。

失明してもいいから薬を使わないと思うほどの、偏った執着やこだわりがどうしても外れず、困っていました。

そこで合宿に参加したところ、ヨグマタジからは、もっとヨグマタを信頼しなさい、目を愛しなさい、などの具体的なメッセージをいただき、意識を向けていただいたおかげで、それまでどうしても手放せなかったこだわりが、嘘のように落ちました。

それ以来、ヨグマタジに守られているから安心だという気持ちで、日々の点眼薬も使え、こだわっていた食べ物へのジャッジがなくなり、感謝して食べられるようになりました。自然であることにこだわらず、いいものがやってくる感じで摂《と》れるようになりました。

現在、病状は進行してはいません。点眼薬のせいで、目にやや負担がかかっているような気もしますが、そのたびにヨグマタジを思い、また目に感謝をしています。なにより精神的に大丈夫だという安心感があって、それまで検査のたびにびくびくしていましたが、それがなくなりました。

目が見えにくくなるということは、ものの見方が否定的であったり、怒りが強かったり、欲が強かったりして、いままで積み重ねてきたなんらかのカルマのせいで、いまその浄化をいただいているのだと思います。体の不調に早期に気づかせていただいて、感謝しています。

（K・Y　45歳　女性）

◈健康も、人間関係も、仕事も、大きく好転しました

ディクシャを受ける前の私は、腰痛、頭痛、肩と首の凝《こ》りに悩まされ、心が傷つきやすく、痛いところだらけでした。

体も心も重く、毎日泥《どろ》の中で這《は》いずっているような日々を送っていました。他人に対する苦手意識が強いため、人間関係も上手とはいえませんでした。一生懸命生きているのに、どこを向いても駄目なことばかりで、納得のいかない気持ちが、いつしか絶望に変わり、毎晩泣いてばかりいました。

泣きながら、「どうして私は、自分の人生に満足できないのだろう」と思い、「どんなことが起きても、願っていることが叶わなくても、自分の人生に、もっといえば自分の魂そのものに、満足できるようになりたい」と祈っていました。

ある日のこと、書店で仕事に必要な本を探していたところ、気持ちよさそうに天を仰いでいる女性の写真が表紙に載っている本が、平積みになっているのを見つけました。

開いてみると、瞑想について書かれているとわかりました。日頃、落ち込んだり迷ったりするたびに書店に行き、自己啓発本のたぐいを貪《むさぼ》り読んでは、気持ちが上がり下がりすることにむなしさを感じていた私は、その本に惹《ひ》かれながらも、手に取ることはせず、い

ったん家に帰りました。

しかし、気になって仕方がなかった私は、これきりにしようと自分に言い聞かせたうえで、その本を購入し、そして、水を一気に飲み干すように、読みました。読み終えた私は、サイエンス・オブ・エンライトメント事務局に電話をかけ、その門をたたきました。

そして、ヨグマタジとお会いし、ディクシャをいただくことを決めました。

ディクシャをいただいてから、絶望が希望に変わりました。私は救われたのです。そして、わかったのです。自分の行くべき道が、です。

毎日瞑想をさせていただくのが、うれしくて仕方がありませんでした。はじめてしばらくは、目に見えてなにかがよくなったわけではありませんでしたが、つづけていれば変わっていく、という確信がありました。なんとかしてよいほうに向かっていきたいという気持ちも強かったのです。

その後、新しいディクシャをいただいたときは、全然悲しくないのに、涙がほろほろと流れてきました。内側がさっぱりと洗い流されたように爽快《そうかい》なのに、まるで暖かな毛布に包まれたような安心感もありました。

思いきって参加した合宿では、さらに大きな内側のゴミを片付けていただいたのだと思います。参加することを決意した日の夜、１トントラック一杯のゴミを出す夢を見ました。このゴミは本来、死んでも持っていかなければならないものです。

そして気がついたら、体の痛みはなくなり、疲れにくい体になっていました。じつは腰《よう》椎《つい》の一部に、生まれつきの欠損があり、ひどい腰痛で動けなくなることもしばしばで、これは仕方がないものと諦《あきら》めていたのですが、それ以来、現在にいたるまで腰痛になることはありません。

人間関係の苦手意識も、さまざまな気づきとともに解消され、人とのつながりが増えていきました。

ディクシャから二年後、ひょんなことから、よい条件の職場に転職することができました。新たな事業で、さまざまなことを求められる困難な仕事ゆえに、辞めていく人が多いなか、私はなぜか、たいした努力もしていないのに評価され、ボーナスが上乗せしてもらうことまであるのです。まったく信じられないことです。ヨグマタジのエネルギーが私に働いているからです。

私のいちばんの願いは、自分の人生、魂そのものに満足できるようになることでした。それはとても大きな願いでしたが、いま、自分の内側に尋ねてみると、願い事がすべて叶ったわけではありませんが、たしかに満たされていることを感じます。

あんなにもがらんどうで、どんな経験も知識も私を満たしてはくれなかったのに、瞑想とヨグマタジからのご指導を実践することで、自ら気づき、変わっていくことができました。

現在四〇代後半になりますが、二〇代のときよりもずっと元気ですし、まだまだ自分の置かれた環境のなかで学び、成長できる可能性を感じています。以前の自分では、ありえないことです。この奇跡に感謝しながら、瞑想をつづけていきたいと思います。

（I・A　49歳　女性）

第8章　本当の幸福が実現する

――あなたが本当に幸せになるには、真理に出会うことです。変化しない永遠の存在です。そこにはすべてがあり、そこからすべてが生まれるのです。

ヒマラヤの恩恵で変容する

心だけでなく、体も物質も含め、すべてが変化しています。なにもないところから創造主の力によって、すべての生き物が誕生し、あらゆる物質がつくられます。それらは増《ぞう》殖《しょく》して栄え、時が経過して、死を迎えるというプロセスをたどっていきます。

たとえば形を変えて変化する例を、水に見ることができます。水は、温度が下がると氷になり、形が現れます。また熱を加えると、氷が解けて水となり、さらに水蒸気になっていき、形が見えなくなります。

このように、すべての物質は、時間と気候と環境によって、その形や質を変えて、変化していきます。誕生と消滅をくり返しているのです。

生き物も物質も、生まれ、栄えて、さらに死滅していくことをくり返しています。つねに新しいものが現れてくるのです。

その源《みなもと》には、物質を創造する見えない力の元の存在があります。それは分子や原子よりさらに細やかな、それを創造する目に見えない存在です。

宇宙の源の見えないところから光と音が現れ、さらに五つの元素の空、風、火、水、土が現れ、そこにタマス（暗性）、ラジャス（激性）、サットヴァ（純性）という三つの性質が混在して、創造と死滅をくり返して物質化して、また消えていきます。

期間が、何億年もかかる場合もありますし、命の短い生き物もいます。それらの変化は肉眼ではわからないのです。それがくり返されています。そして人はその変化のなかで心が発達して、ストレスとカルマをためて、不自由になっていくのです。

瞑想《めいそう》は、これらの宇宙のいとなみを自分の体の中で気づき、それを神のエネルギーで純粋にして進化し、自己に達し、真理を悟《さと》るのです。そのプロセスで、変容していくのです。

瞑想して空《くう》になるというのは、心がなにも動かないところにいくということです。

変化することを活用して、源に変化していき、真理を知るのです。そして体も心も質も変わっていき、やがてまったく違う質のものになり、それを超えるのです。

心も、修行を積むにつれて、怒りや、イライラ、恐れ、悲しみといった価値観やさまざまな記憶が浄化されて、静かになり、意識が進化して、変容していくことができます。

このように変容することが、ヒマラヤ聖者の悟りからの恩恵でできるのです。

＊

ふつうは長年、自分の心に翻弄《ほんろう》されて苦しいのです。ヒマラヤ聖者の悟りからの恩恵によって、よいカルマを積む生き方ができます。

そして、ヒマラヤシッダー瞑想の伝授によって、積極的にそれら心と体を構成する質を浄化して、よりよいものにするのです。さらに日々の瞑想修行によって、マスターの祝福とともに、その秘法がパワーをつくり、浄化します。

ヒマラヤシッダー瞑想は、高次元の波動によって、汚れやストレスを取り除いて変容させて、質をよくするのです。

このヒマラヤ聖者が発見した行為で、みなさんは再生することができるのです。瞑想をしているときは、意識のレベルにいて心に翻弄されないように、覚醒《かくせい》して見ています。そうして心の働きが整理整頓《せいとん》されていくのです。やがて心が浄《きよ》まって鎮《しず》まり、心を超えて魂《たましい》になっていくのです。

通常の生き方は、何生《なんしょう》も何生も生まれ変わって、何千回もの生まれ変わりを体験して、少しずつ進化していくものです。ほとんどの人は長年、自分の心の働きに翻弄され、さらに欲望によって雑多なものを心にいろいろ取り込んで、くっつけていきますので、汚《けが》れてしまい、沈み込んで苦しんでいくのです。

したがって、自然に年をとって老化します。長生きを願っても、体力がなくなり、集中力がなくなり、自信も失い、生きる気力もなくなってしまうのが実情です。

ふつうは「生老病死」といって、生まれること、老いること、病気になること、そして死ぬこと――すなわち生きることが苦しいのです。それを超えることができるのが、ヒマラヤ聖者の祝福なのです。

本当の平和の体験をする

すべてが変化しています。この変化には、心の変化とエネルギーの変化、体の細胞の変化があります。

生じては消え、生じては消えと、その変化が鎮まるまで、変化はつづきます。ときに厳しい変化になります。負のスパイラルにおちいったようになるときもあるのです。そうした変化があると知ることで、理解が深まるだけでも楽になるでしょう。

変化するというのは、いつかなくなるということです。年をとり、いつか死がくるということを、人は受け入れなくてはならないのです。

みなさんには、いろいろな心の働きがありますが、そのなかでもとくに強いのが、あるものを失う恐れです。

お金を失うこと、人との別れがあります。それは執着《しゅうちゃく》しているものがなくなる恐れです。そして、やがて迎える死の恐怖があります。その恐れを打ち消すために、お金や物を集めたりして、いろいろな豊かさを求めているのです。

すべてが変化しますから、人はその変化を食い止めるために、もっと欲しい、もっと欲しいという欲望が生まれてくるのです。

✴

ここに最強の生き方があります。それは恐れがないところ、心を超えた源につながることです。そうして自由な人になるのです。

そうしない限り、心につながり、恐れにつながり、それが消え去ることはないのです。永遠の存在の動かないところにつながらない限り、心に翻弄される恐れがあるのです。

昔の人は信仰を持っていました。この自然がいまだ解明されないときには、恐れたり、不安になったりして、いろいろな苦労があったと思います。そして、不思議の力に助けられ、その力の存在を神と名付けました。神に祈り、必死につながろうとして、心の安心を得たのです。

あなたの奥深くの源には、動かない、永遠の存在があるのです。そうしたことはだれもわからず、心が自分と思い、そこにつながり、心を鍛《きた》えてがんばっています。

しかし、失敗したり病気になったりして、あまりにも苦しいときに、この生き方でいいのかと疑問を持つのです。

そうして、本当の生き方はどんなものなのか、ということに気づいていくことができるのです。人が物質的な豊かさをもってそれを楽しめているときには、そのことはわからないのです。

心が平和になるためには、内側の、永遠の存在、動かない世界につながることが肝心《かんじん》なのです。そこにつながらない限り、平和はやってこないのです。

とはいえ、そこにしがみつき、信じていっても、いつも心とともにあると、ときに苦しむことになってしまいます。

本当の平和とは、欲しいものを得たときの一瞬の充足や、ぐっすり寝ていて意識のないときの平穏な状態とは異なります。

意識をもって、深いところの平和を体験するのです。それを出現させてくれるのが瞑想です。

つねに、永遠の動かない平和、命の源につながるのです。それをつなげるのが、ヒマラヤ聖者のディクシャです。そして信頼をするのです。

人は心につながり、計り知れない歳月を心に翻弄されてきました。つねになにか見たり聞いたりして刺激を受けると、内側の記憶にスイッチが入り、リアクションしてしまう癖《くせ》が長くつづいています。

そして心やカルマが働いて、もっと欲しい、もっと欲しいという欲望が生まれてくるのです。

変化するというのは、心を使い、欲望がふくらみ、終わりのない旅であり、もっともっととつづいていき、苦しくなっていくのです。

ですから、ヒマラヤ聖者の純粋なエネルギーにつながり、変化しないところにつながっていくのです。変化を起こすものを早く浄化するために、よい行為をするのです。

意識を覚醒《かくせい》させてヒマラヤシッダー瞑想をおこない、心身を早く浄めて、平和を体験するのです。やがて心の波がなくなり、すべてを映し出す透明な、水面《みなも》のようになります。

さらに、それを超えていくことができるのです。それが究極のサマディです。

みなさんがヒマラヤシッダー瞑想をすると、エゴと欲望が少なくなり、セルフィッシュな世の中から、愛ある平和な世の中になっていくのです。この行為で間違った方向に突っ走らないようになり、やがてバランスがとれた社会になるのです。

人一倍努力して、がむしゃらに働いている人へ

人一倍努力して、がむしゃらに働いているのに、自分は報《むく》われていない、希望していた姿とはほど遠い、と思っている人がいます。そうした思いの奥深くには、昔のハングリーだった頃の思い出があるのかもしれません。

また、両親との関係に問題があったり、親が仕事を失ったこととか、なにか平穏ではないことが記憶にあったりして、そうした不安や恐れから、がむしゃらに働くのかもしれません。

働けば必ず実りがあるといいます。たしかにそういう面もありますが、もっとよい結果にするためには、単にがむしゃらに働くのではなく、やはり智恵をもって、愛をもって、行動していくことが大切です。

もっと人生を楽しみながら行動するとよいのです。もっと味わっておこなうことです。

また、人一倍努力しているといっても、なにかに追われるようであったり、あせっていたり、欲の心で、ただ一生懸命やっているだけなのかもしれません。

物事に向かう姿勢を見直して、気づきをもっておこなうようにします。

がんばりすぎて病気になってしまうとか、命をすり減らすようなやり方ではなくて、もっと余裕のある生き方をすることが大切です。

がむしゃらに働いているような人は、結果を求めて急いでやっているのだと思いますが、**そのプロセスを楽しみ、そして一瞬一瞬が自由になる、そんな心がけをプラスするとよいのです。**

心のレベルから意識のレベルにシフトして、愛から働くことができるとよいのです。そうしてくれるのがヒマラヤ聖者の祝福なのです。

「ねばならない」という教えでは疲労する

みなさんは、いつも心にスイッチが入っています。心が外れないわけです。ですから、いい心をつくっていきます。心は夜寝ているときも夢として働いたりします。そのように心は動き、つねに、考えたり行動したりしています。それは心の奴隷《どれい》になっている生き方なのです。

ヒマラヤ聖者の、新しい生き方の教えがあります。

心に翻弄されないで、愛を使って生きていくのです。それは、心の働きを浄化して気づいていき、自分でなにを選択したらいいか、意識を進化させる生き方です。

そして心を浄化して静寂を得ます。明鏡止水《めいきょうしすい》の心をつくっていきます。

みなさんは日頃、心を使っていますから、その心をよくしていくことが大切です。いい心をつくっていくことを学んでいきます。

ただし、「よい人になるために」ということでは、なにかの教義でそのようにふるまうように心が染め上げられることになります。それは、自主性のない、心にコントロールされている姿です。その考えに支配されてしまっているのです。

「いい心になるよう努力する」「そのようにしなければならない」という考えにとらわれてしまい、「ねばならない」と努めて、疲労してしまうのです。「いい人を演じなければならない」となってしまうのは、自然の姿ではありません。

見えない世界を教えているつもりなのでしょうが、なにか問題が起きたようなとき、「見えない世界からくる霊《れい》のたたり」などと決めつけるような教えもあるそうです。それは浅いところの話です。

本当に深く修行していなければ、憑依《ひょうい》したとか、魔がさしたなどのときには大変なことになります。そうした事態には、悟りを得たエネルギーがないと対処できないのです。ただ安易に潜在意識の修行をしているだけでは太刀打《たちう》ちできないでしょう。

アンバランスなエネルギーと霊がコンタクトすると、それが活性化することになるので、危険なのです。そして、それを信仰すると、そこにはまってしまうことになるのです。

ヒマラヤ秘教は、究極の悟りのマスターの生きたエネルギーがあるので、正しいガイドのもとに、深いところから全部が自由になる教えです。

自分をいじめずにすむようになる

みなさんは競争社会に生きています。競争に打ち勝つために、スキルをアップしたり、精神を強くしたりして、社会に立ち向かっています。

なかには上ばかり見て、「自分にはできない」「自分はダメなんだ」と思ってしまう人が出てくることもあるでしょう。自分を責めたり、否定のエネルギーに浸《ひた》りきっている人もいます。

そうした人は、自分やほかの人をジャッジしているのかもしれません。自分の不足を嘆《なげ》くのではなく、「そのままでいいのです。競争しないでいいのですよ」などと言われると、ホッとして、自分をいじめずにすむようになるのです。

それは、あるがままを受け入れるということです。そうして、よいエネルギーにつながって修行すればよいのです。

いま真理がわからなくても、そのままでよいのです。だれもが修行の意味がわかりません。よいエネルギーといっても、なんのことかわからないのです。

ともかく、なにか一つできることをやりつづけていきます。すると、なにかが動いて変わりはじめるのです。そしてなにかができるということで、少し活力が出てきます。

しかし、趣味のことなど、たとえ好きなことであっても、それをやりつづけることはやはり心を使うことであって、消耗することになるのです。

ですから、もっとパワフルになり、智恵をいただいてやりつづけることで、疲れずにエネルギーが充電されるとよいのです。それはまさに不可能なことなのですが、**消耗するのではなく満たしていく道が真理への道なのです。あなたが本物になる道なのです。**

そのための生き方は、よいことを執着なくおこなう、すべてを手放していく生き方です。

その中心の修行が、ヒマラヤシッダー瞑想をすることなのです。

世の中にはそのように充電できるエネルギーを取り込む方法はないのです。食べることでさえ、内臓を使うので、じつのところ疲れます。すべては心と体の働きであり、エネルギーを使い消耗するのです。

「私には修行する資格はない」などと、いろいろ心が働いても、ただマスターを信頼して修行をつづけると、しだいに真理がわかってきて、徐々に意識が進化していきます。

真理を理解するだけでも、時間がかかります。いままでとまったく反対の考え方なので、体験がないわけですから。心でわかっても実感できないので、なかなかおこなえないのです。

どうでもいいことはすぐとりかかれるのに、そして、そうしたリスクのあることはどんどんやるのに、あなたをよくするものができないのはなぜでしょうか。

それだけ高級だからなのです。自分を振り返り反省することは、それに面と向かう気力やエネルギーがないとできないことなのです。

また、あまり反省して後悔《こうかい》してしまうと、前に進みません。「ああ、あのとき自分は取り返しのつかないことをしたんだ」などという思いにおそわれたりして、自分を否定してしまうのです。

自分を振り返るには、振り返ることができるだけの力が必要です。エネルギーがすっかり低下しているときに振り返ったら、全人格を否定することになりかねません。

心はつねに自他を比較したり、また自分の過去を悔《く》やんだり、未来を心配したりして、苦しむ使い方をしています。


大切なことは、あるがままを受け入れ、今にいることです。そしていいエネルギーにつながることです。

心で自分を責めるのはよくない

悪いことをしたら、反省することが必要です。罪意識を感じないというのは問題です。

心がつねに、小さなことにとらわれる人がいます。たとえば、小さな失敗をしたとか、掃除《そうじ》ができなかったとか、予定を立てたのにそのとおりにできなかったといって、心配したり、気にかけたりする人です。

すると、自分を責めすぎて、力がなくなって落ち込んでしまいます。そうした人は完璧《かんぺき》主義者で、理想の自分の姿ではないということで、自分を責めるのです。

ですから、「心を使わない」という意味で、「そのままのあなたでいいのです」という言い方はできるかもしれません。あるがままの自分を受け入れるとよいのです。

それは、心で自分を責めたり、心でがんばりすぎたりしないということです。心でがんばっても、内側が浄化されていないと、否定しながらがんばっているようなことにもなりますから、悪いほうにいってしまいます。

そのまま、あるがままにして、待つということも大切です。そのほうが、そこにある肯定的なよいエネルギーにつながるのです。

そうして執着心などから外れていき、ちょっと許されて少し元気が出てきて、いかに生きるかと考える力が湧いてきたときに、みんなを助けようという気持ちになっていくのです。

＊

自分の過《あやま》ちについては、過去を反省して進むとよいのですが、これまで、それを他人のせいにしてバランスをとってきた人もいるようです。

意識が進化して、自分のことがわかるようになって、自分がいかに悪かったのかに気づき、自分を責める人もいます。反省して悪いことを思い出し、フラッシュバックをして、自分を責めて落ち込み、力が湧《わ》いてこない人もいます。

そのように否定的であった人には、修行はきついものになると思います。自分は完全ではないことを受け入れるのはつらいことですが、お詫《わ》びするとともに、それを認め、受け入れることが大切です。

過去には自己防衛のために、よけいなことを言ってしまったり、やってしまったりして、無意識に人を傷つけてきたかもしれません。それはだれにも起きていることです。

しかし、神はあなたを愛しているのです。ですから生まれてこられたのです。だれも最初は正しい生き方を知らないのです。

理想の自分を求めすぎず、自分を許します。あなたの奥深くに純粋な存在、魂があり、あなたを守っていることを信じます。

もっと意識を進化させ、自己防衛ではなく、信頼にもとづいて生きていくことが肝心《かんじん》です。そして正しいガイドに従っていかなければならないのです。

肯定的な言葉の言い聞かせの問題点

自己催眠《さいみん》とかアファメーションなどという方法で、肯定的な言葉を自分に言い聞かせることによって、潜在意識をコントロールしている人たちがいるようです。

自己催眠というのは、軽い催眠状態というかリラックスした状態で、みずから暗示をかけて、欠点を改善しようとするものです。またアファメーションというのは、肯定的な理想の言葉を自分にいい聞かせて、自分を変えることだそうです。

しかし、それは一種の洗脳ともいえると思います。

もちろん、それをきっかけに、よくなる人もいるでしょう。ただし、そうしたことをずっとつづけると、よい結果につながるとは思えません。弊害《へいがい》が出る人もいるのではないでしょうか。

心の内側には、いままでの学びでの、いろいろな価値観とこだわりや執着があり、混乱があります。そのことに無理解のままで、ある種のいい言葉を使っても、自分が納得していないので、嘘《うそ》っぽさを感じて、素直になれないこともあるのではないでしょうか。

まだ内側がきれいになっていないのに、自分はすばらしい人だ、最高の人だなどと思い込もうとするのは危険なことです。きちんと悪い部分も気づいていき、浄化する必要があるのです。

また「私は神だ」などと、セミナーで思い込まされたり、思い込みの強い心の人にマインドコントロールされたりする場合もあります。

そうした方法はエゴを肥大《ひだい》させていくものであり、真理ではありません。

内側をきれいにするには、自分を本当に正していく必要があります。

そうした言葉を無理やり用いて心をコントロールすると、内側で葛藤《かっとう》が起こり、苦しくなるのだと思います。それらの洗脳で悪い事件が起こらないとも限りません。

ですから私は、「あなたは愛の存在です」などと述べるのは好まないのです。そのことを自分で気づいてほしいのです。

そもそも、まだ浄まっていないのに、「私は愛の存在です」などと毎日口にするのは、ごまかし、あるいは虚言《きょげん》ではないでしょうか。

きちんと反省して、ディクシャで浄めて源につながり、祝福を受けて、浄まったところから、本来の自分が純粋な存在であることに気づいていくのがよいのです。

そうでないと、思い込みの激しい、エゴの強い人になりかねませんし、また、まわりと調和しないで、自分だけいきがっている人になりかねません。

そうした、なにか自分は特別の人間であるといった、傲慢《ごうまん》な人にならないようにしていかなければならないのです。

自分の幸せだけではなく、相手の幸せも願う

みんなが自分の幸せを願っています。もちろん、それは大切なことです。人に迷惑をかけないこと、自立していくことも大切です。自分のことに責任を持たずに、人のせいにするのはよくないことです。人に依存していくことは、人のエネルギーを奪《うば》ってしまうのです。

また、物に依存しているのも真理の生き方ではありません。それにつながってエネルギーを消耗《しょうもう》するのみなのです。自立するために、早いうちに、自分の内側の心などに気づくとよいのです。

そして、自分に与えられた心と体を、浄化と進化へと方向づけていくことが大切です。神様からいただいた、この体と心と魂《たましい》を、自然の法則にのっとって正しく使うことで、よりよい結果が生まれます。

もし使い方を間違えると、そこに、さまざまな問題が発生するのです。

正しく使うということには、人を幸せにすることが含まれます。自然に目を向けると、自然は助けあって生きていることがわかります。それは捧げる生き方です。

自然は、相手が生きるように支えていきます。自然のなかで、川の水の流れは、流れながらまわりの植物を癒《いや》していきます。太陽は見返りを求めることなく、ただ光を与え、その光で動植物は生かされていきます。

その姿は、あたかも魂の働きのようです。魂からのエネルギーが、体と心を働かせています。それによって、人は生かされているのです。

大自然のように、まず自分の中の源につながり、それを信じサレンダーして安心をして、愛からの行為をしていくこと、周囲を支えて生きていくことが大切です。

自分の体と心を浄めることで、さらに神の働きがあらわれることで、人を支えることにもなります。この生き方をするために、とらわれや執着を外していきます。

そして、**つねに人の幸せを願うような善なる行為をしていくことが、エゴを取り除いていく、新しい生き方になります。**そのことによって執着が取り除かれ、より深い愛が強まり、魂を覆《おお》う心の曇りが浄化されていくのです。

「本当の自分」と一体になる生き方をする

この世界には、生活に必要な便利なものがたくさんあります。しかし、ただ物質的な願いを叶《かな》え、そうしたことを追い求める生き方や、また自分のみが幸せになる、欲望を満足させる生き方は、正しい生き方ではありません。

信仰し、功徳《くどく》を積み、自己に捧げる、神に捧げる生き方をすることが大切です。それが、お布施《ふせ》と奉仕をおこない、エゴを取り去る生き方、執着を取る生き方です。

それはサレンダーするということであって、**神、つまり「本当の自分」と一体になるために、真理と一体になるために、エゴを捨てるということです。**

ですから、無償の愛で奉仕をしたり、みんなを救っている、精神的に高まる会にお布施をしたり、ボランティア活動などをするとよいのです。すると心が浄まり、愛が大きくなり、神聖な人になっていきます。

神社や寺院も、そういう救済活動をしています。みんなが祈願していくからです。そして、みんなの願いが集まるので、エネルギーが高いところも多いかもしれません。

しかし逆に、みんなの欲望が渦巻《うずま》き、悪いスピリットもいるので、その霊《れい》に取りつかれないように、気をつけなければなりません。純粋な高次元の存在につながることが大切です。

また**祈願で肝心《かんじん》なのは、純粋な存在につながっていくことです。**自分の不純な心につながって祈ると、よくないものを引き寄せてしまったりします。

純粋な存在のシッダーマスターの祈願は、あなたのカルマを浄めます。

その祈願は、人のために祈り、自分も幸せになるものであることがよいのです。すると、守られながら、自分の個人的な願望が叶えられるとともに、もっと人のために生きていくことができるのです。

そして、シッダーマスターがいるアシュラムという瞑想センターは、純粋なエネルギーがあり、パワースポットになるのです。

捧げる生き方で、神に願いが届けられる

みなさんには、家族が幸せになるように、病気が治るように、子どもが試験に受かりますようにといった、さまざまな願望があります。それはカルマの願いといえるでしょう。

生きることは、願いを叶えることでもあります。

人には基本の、三大欲望があります。生きるための食欲、性欲、睡眠欲です。さらに、過去生《かこせい》にやり遂げられなかった願いをもって生まれてきます。その願いを叶えようと生きていきます。

そのなかでヒマラヤの恩恵に出会うことで、真の目的を知ります。そしてカルマを浄めることで、カルマの願いよりも、エゴを落とすものに変わっていきます。

生きるためにはいろいろな事柄が必要です。現世的な願望が成就《じょうじゅ》して、さらにまわりの人の幸せも願えるようになるとよいのです。

サマディマスター、すなわちシッダーマスターは、心身を浄め、神と一体になった存在ですから、そこからの願いは叶えられるのです。「サマディヤギャ」と「サマディプジャ」によって、サマディ祈願は速やかに願いが叶えられていくので、ありがたいことです。「ヤギャ」とは悟りのマスターが、神につなげる、インド式の護摩《ごま》焚《た》きのことです。それはパワフルであり、願いが叶っていくのです。聖者の純粋な波動と、聖なる祈りと、火の力によって、アストラルの世界に願いが届けられ、希望や夢が実現していくのです。

また同時に、サマディマスターの「プジャ」という祈りも、純粋なエネルギーにつながったサマディマスターの「サンカルパ」という神のような意志の力による特別な祈りで、願いが叶っていくのです。

願いにも、発達の段階があります。人間は心が発達するとともに、自分を守るエゴの願いが、とても強くなっています。我欲が強くなってしまったのです。そうした欲望というのはきりがありません。

しかも、欲しい、欲しいという欲ばかり持っても、それが自分本位の願いであると、逆に願望が成就しないのです。

＊

最近、引き寄せの法則とか、潜在意識の力をエゴの目的のために活用するようなことが紹介されはじめていますが、長い目で見ると、そのとき願いが叶っても、人格ができていないと、バランスを崩すのです。

真の成長をするためには、執着を落として、さらに大きな愛の人、平和な人となり、みんなの幸せのために行動する人になっていくことが肝心です。

心と体の願いというのは、つねに自己防衛のためであり、人は欲望を叶えて自分を満たしたいという気持ちが強いのです。しかし、そうした生き方は苦しみを呼ぶのです。執着をつくり、神からの恵みを受けられないで、いろいろなことがうまくいかなくなるのです。

本当の進化した生き方は、慈愛をもって捧げる生き方であり、神に近づき、いろいろな助けをいただけることになります。それは菩薩《ぼさつ》の道を歩むことです。そして、それはヒマラヤ秘教の教えです。

少しでも、まわりの幸せのために、この与えられた心と体を使って、慈愛を出していくようにするとよいのです。そのことで執着が取れていくとともに、執着をつくらないようになるのです。

そして捧げることをあわせてやっていくと、自分の幸せだけに生きるのではない、バランスがとれた人物になっていきます。

自分のマインドで祈願すると、またカルマを積むことになるのですが、ディクシャを受けて浄めをいただくと、スピリチュアルな人として生まれ変わり、ヒマラヤの聖者に祈っていただけると、神にさらに速やかに願いが届けられるのです。

瞑想をすると、思ったことが実現する

人は自分の願いを叶えるとき、強く念じるということがあるようですが、それはエゴを強めることになります。私欲のために心を使うことはエゴを強め、よくないのです。

修行をはじめ、また瞑想をはじめると、心身が浄まっていきます。真理に出会う準備ができてきます。すると、あなたはより健康になり、また仕事もよくできるようになります。

そして、思ったことが叶えられていきます。その願いがセルフィッシュな願いにならな

いようにしていくのが、さらなる成長になっていくのです。
人の幸せを祈ったり、世の中が平和になるように祈念したりすることは、あなた自身の浄化になるのです。

心を強めて、心のレベルで強烈《きょうれつ》に念じて、お願いしていくことで願いを実現させていく人もいます。たしかに、強く思うことで、そうした願いが潜在意識に働きかけられると思います。潜在意識の願いは、神の応援をいただくことができるのです。ですから願いが叶いやすくなります。

しかし、**潜在意識には、いろいろな悪いエネルギーも混在しています。ですから、単に潜在意識にいい聞かせて、祈るだけではなく、内側を浄めていくことが必要なのです。**

ヒマラヤ聖者は、究極のサマディに達し、神と等しいエネルギーを持ち、浄められたアストラル体のエネルギーが強く、「サンカルパ」という神の意志を持っています。

ヒマラヤ聖者であるサマディマスター、シッダーマスターがおこなう祈願は、永遠の、根源の世界につながる祈りになりますから、願望が早く成就《じょうじゅ》します。

サイエンス・オブ・エンライトメントでは、そうしたシッダーマスターがとりおこなう「ヤギャ」の祈りや、シッダーマスターが直接に祈る「プジャ」をおこなって、人々の願いを叶えています。

健康祈願や、病気の快復祈願、就職祈願など、いろいろな祈願が出されますが、自分のカルマを積まない方法で祈ってもらって、それらが成就するというわけです。

✴

瞑想をすると潜在意識が浄められ、さらに神の応援をいただけるようになります。**ヒマラヤシッダー瞑想をすると、最速で潜在意識が浄化されます。**そこでの願いは、潜在意識のエネルギーと神の助けがあって、さらに希望実現に向かいやすくなるのです。潜在意識からさらに深いところの超意識に、その願いが届けられていくのです。

潜在意識が浄まることで、願いが深く入っていき、深いところはつながっていますから、その願いは周囲にも波動として伝わり、まわりの人も自然に動いてくれたりするのです。そして、いろいろなチャンスがやってきます。

そのように、ヒマラヤシッダー瞑想をすると、潜在意識にアクセスしやすくなり、思ったことが実現するようになります。

ですから、ちょっとしたことでも、つねに感謝をもって接するようにしていきます。けっして否定的な、悪いことを思わないことが大切です。

否定的な思いを持つと、すぐに潜在意識にその考えが刷り込まれて、それが現象化したりして、大変なことになります。深いところには、いまだ過去生からの自分でも気づかない否定的な思いもいろいろと潜《ひそ》んでいますので、さらに捧げる生き方で、浄化して手放し、さらに瞑想もしていくのです。

ここで、みなさんにわかりやすい例で、願いが叶う仕組みを伝えます。

それは、なにかをするとき、先入観なしに無心でやると、その願いが叶いやすくなるということです。たとえば、ゴルフで、いいショットを打つには、心があれこれ迷わず無心になるとよいのです。

ヒマラヤシッダー瞑想によって、つねに内側が浄化され、無心で今にいられる精神状態になると、みなさんの願いは実現しやすくなります。

その力を利用して、世界の平和を願っていくとよいのです。

神様がくださったこの心と体を、みんなの幸せと平和のために使っていくのです。そのためには、みんなで瞑想をおこない、世界平和を祈ることです。そして世界の平和を実現していくのです。

心を超えて、すべてが満ちてくる

瞑想の本来の目的は心を浄化し、それを超えて源にある真理を悟っていくことです。それは深いところにある、すべての人の本当の願いなのです。

創造の源である神に近づいていくこと、それはこの人生でなすべきもっとも偉大なことです。

人は真理に出会うために、この体をいただきました。この体があって、この心があって、真理に出会う修行ができます。それをしないと、なにを手に入れても深いところが満たされないのです。

心の欲望を手に入れても、大きな家を手に入れても、お金をいっぱい手に入れても、それは死ぬときには持っていくことはできません。

ならばいま、どんな生き方をしたらいいのでしょうか。

まず、困っている人を救うのです。それができなければ、苦しんでいる人に本当の生き方、真理への道を説《と》き、人々を救っているところを助けるのです。ボランティアをしたり、布施をしていきます。

それが、あなたの魂を満足させる最高の生き方なのです。そうした意識の進化のために瞑想をします。

ヒマラヤシッダー瞑想は、積極的に深いところを浄化して、段階を追って、さまざまな瞑想秘法の伝授をして、心身を浄化して進化させます。

心を超えた深いところにある、ハートの純粋な愛を目覚めさせます。それは宇宙的な愛です。その奥に「セルフ」があります。そこからの愛があれば、みんなが安らげるということがわかってきます。

✴

自己の悟りを目指すことは、心を超えていくことです。

心はつねに自己防衛をして、自分を守ってきました。ヒマラヤシッダー瞑想をおこない、自己の悟りの修行をしていくことは、セルフィッシュな心から離れて、まわりの人の心も平和であり、世の中が平和であることを願うようになっていくことです。

人は自分が心と思い、過去生からずっと心を使って振り回されてきています。

心を使うことはクリエイティブであるのですが、一方、限りない欲望で、ストレスを抱え、否定的になったり、内側が乱れるのです。

言葉の波動が乱れたり、行為も乱れたりします。人のやることが気に入らなかったり、イライラして衝突し、喧嘩になったりすることもあります。また、ジャッジしたり、心配ばかりするのです。さらに、苦しくなり、その心がさらに苦しみを呼んでいくのです。比較や競争に流されて、不安になったり、争いに巻き込まれたりすると、心はつねに不安定になります。そこには愛が不足しています。

ほとんどの人が気づかないまま、こういう心の使い方をしているのです。心が落ち着かず、平和でなく、思うように物事が運ばないのです。そして、苦しみが増していきます。

人が心を自分と思っている限り、そして修行をしない限り、だれもが、この心の連綿としてつづく回路に翻弄《ほんろう》され、大なり小なり、苦しんでいるのです。

たとえお金があって、すべての贅《ぜい》を尽くしても、どんなに愛する人がいても、心のむなしさを埋め合わせることはできないのです。

経済的に豊かな人も、そうでない人も、みんな心を持ち、さまざまなことにとらわれ、なんらかの不安を感じているのです。

だれも、心から自由になることができないのです。

ですから、だれもが高次元の存在につながり、真理に向かって修行をする必要があるのです。

ヒマラヤシッダー瞑想は、自分自身の内側を浄化して、平和にしていくことができます。生きたサマディマスター、シッダーマスターが橋となり、そこには祝福があり、そのマスターにはあなたを変容させる力があるのです。

最速で、あなたの心を浄めて鎮め、平和を出現させます。

心を超えて平和になり、今にいることができます。

エネルギーが消耗せず、恐れがなく、なにかに守られている感じがあり、神と一緒にいる思いがするのです。

心の欲望によるのではなく、心に気づいてそれを見つめて外し、平和になることが大切です。なぜならそれは、心の一部の欲望を満たしていくという部分的なことではなく、心を外し、心が生まれるところに戻って、全体を満たしていくからです。

その源には、すべてが満ちています。そこに戻ることは、すべてを手に入れることになるのです。心身が安らいでいくことで、なにかをしたいときには、エネルギーがすべて協力してくれます。

このように、心の平和を得ることで、願いが叶うのです。心が浄化されることは、希望が実現するうえで重要なことなのです。

悟りに向かい、静寂を得て、さらにまわりの人の意識も高まって、利己的な心が愛の心となり、太陽になって、与えあって、助けあって生きていくことができるのです。

自分の意識が高まって、悟っていく

心と体の内側を積極的に浄化して、源に達し、自己の悟りを得ていくのがヒマラヤシッダー瞑想です。その瞑想の秘法はいろいろあります。

宇宙の源の存在からの祝福と、さらにそこから現れる光の瞑想と、音の瞑想があります。これらヒマラヤ秘教ならではの秘密の教えで、あなたは悟りに導かれていくのです。

すでに述べた「ヤマ」(禁ずる戒《いまし》め)と「ニヤマ」(勧める戒め)という道徳的な規範の教えは、よりよいエネルギーを発する人になる教えです。

ヤマとニヤマは、その行為や日頃の考えが人に喜ばれるものであり、また心と体を正しく使って、自分が平和になるための実践《じっせん》法です。それが瞑想修行の準備となっているのです。

ヤマとニヤマによって、日常的に、自分はどういう心を持っているのか、どういう体の使い方をしているのか、正しい調和のとれた言動をしているか、などを気づいていきます。ただしそれは、自分を責めるということではありません。

そして高次元の存在と、マスターを信じていきます。さらに各種のヒマラヤシッダー瞑想を実践して、内側を整え、磨《みが》いていくことをつづけていきます。

すると、そのプロセスで、人生のさまざまな問題を解決していくことができます。周囲にとって必要なことが、次々と起きていきます。まわりの人もきちんとしていきます。いろいろと希望していたことが、自然に実現するようになり、幸せになります。

そうして希望も、高い次元の願望になっていきます。内側が浄まっていくにつれて、希望も変化していくのです。利己的な希望から、みんなが幸せになる希望になっていくのです。

さらに進化して、最終的な希望になっていきます。最高の願望とは、自分の意識が高まって、悟っていくことです。瞑想が深まり、浄化が進んで、心が静寂になっていきます。

そういう心を超えて、高い意識の人になりたいという願いを抱くようになっていくと、おのずとまわりの人も成長して、幸せになっていきます。そうして、さらに世界が平和になっていくのです。

真理に出会って、真の幸せを得る

人は幸せを求めて、いろいろなものを集めています。それらは物の豊かさや、能力、知識、お金、友達などでしょうか。それでも人は、なにかが物足りないのです。

どんなにいろいろなものを集めて、そのとき満足しても、その喜びはつかの間なのです。心はなにかを得ると満足して、それ以上は興味を示さずに、すぐに飽きてしまいます。そしてまた、別のなにかを欲しがるのです。それが心の性質なのです。

そのつどの満足はあるのですが、心は変化するのです。**変化するものに満たされることはないのです。**それらはただ、外側から取り込むものであるからです。

あなたが本当に幸せになるには、真理に出会うことです。それは、変化しない永遠の存在です。

そこには、すべてがあるのです。

そこから、すべてが生まれるのです。

その存在を体験するため、つまり真理を悟るために、自分の本質、源に向かう道を歩んでいくことです。

しかし、あなたの中のすべてが満ちているところに、どう到達すればよいのか、だれもわからないのです。

ただ、ヒマラヤの聖者のみがそれを知っています。ヒマラヤの聖者は、いまから五〇〇〇年以上前に、その道を発見したのです。

その満ちたところに、実際に向かいました。魂に出会い、それと一体になったのです。それが究極のサマディです。私はその体験をして、ヒマラヤの聖者になりました。シッダーマスターになったのです。

＊

すべての人の人生の最高の目的は、心を浄化して、体を浄化して、よけいなものを落とし、内側の源の真理に達していくことです。

それが本当の自己です。すべてを含む、深い静寂な存在です。

そこに向かうために、まず自分に貼りついた、さまざまな思いを落としていきます。雑多な、不必要な考えを落とすのです。

そうしたものを手放すには、まず見えない存在を信じることが必要です。

いつも心は、楽しいことを望んできました。静かであると不安なのです。なにか捕まえていないと不安なのです。

だれかの笑い声が欲しい。

だれかのほめ言葉が欲しい。

そんなふうに、心は、いつもなにかを求めています。

でも、あなたは真理の友達になります。真理を愛します。

あなたの中の静けさを感じてみてください。

悟りへの道、そして瞑想の実践は、シッダーマスターのみが導けるのです。シッダーマスターに直接教えていただくことが、必須条件です。マスターを信頼します。

あなたの中の奥深くに、大いなる存在があります。それに向かっていくことが、真理を悟る道なのです。

それは、ある人にとっては、いままで望んできた道で、とても楽な道なのかもしれません。でも、ある人にとっては、それは厳しい道かもしれません。たとえば、こんなふうにです。

お酒を毎晩飲んでいた人は、それができなくなるので苦しい。

毎日水泳をしていた人、ゴルフをしていた人は、それができなくなって苦しい。

いつも寝てばかりで、気ままにやっていた人は、修行をするのが苦しい……。

自分勝手な思い込みで生きていたために、新しい生き方が苦しい場合もあることでしょう。

しかし、楽をして手に入るものは、たいしたものではないのです。

あなたが最高に幸せになる新しい生き方にリスクがあっても、それ以上の最高の幸せを得るためには、なにかを手放す犠牲《ぎせい》がともなうものなのです。

バケツ一杯に水を入れて両手に持っていたら、もう水はそのバケツに入りません。その中身を捨てて手放して初めて、新鮮なよい水が手に入るのです。

マスターを信頼して道を歩み、ゆるぎない信頼でつづけていくと、あなたは心を超えて、体を超えて、真理に達していくのです。

それは永遠の存在であり、あなたがもともといたところなのです。その永遠の存在に出会うことで、あなたは真の幸せを得ることができるのです。

もう、心に振り回されることがなくなるのです。

そこにはすべてがあり、欲しいものはすべて手に入るのです。

＊

本書の最後に、インナーパワー瞑想を紹介いたします。

これは、静けさと心の平和をつくりだす瞑想法です。

私たちの肉体である小宇宙、その呼吸の中心はいったいどこにあるのか、そして、それは大宇宙の中心とどうつながっているのか、そこを意識しながら、瞑想するのです。

瞑想はリラックスできる姿勢で、楽しく、気持ちよくおこないます。無理せずにつづけることが大切です。

一ヵ月たったら、それ以上はおこなわないでください。そして気に入ったら、どうぞさらに次のステップに進んでください。私を訪ねてください。

場所は、静かで風通しのよいところを選びます。体が痛まないように、絨毯《じゅうたん》か毛布を敷くとよいでしょう。時計やアクセサリーなどは外して、動きやすい服装でおこないます。

＊インナーパワー瞑想

楽な姿勢で座ります。

両手のひらを下に向け、左右の膝《ひざ》の上にそれぞれの手をのせます。

目をつぶります。

鼻から息を吸い込みます。そこに意識を集中します。三回吸い込みます。吐く息は自然に任せます。そして、呼吸の流れを意識しながらおこないます。内側に入っていくのを意識します。これを三セットくり返します。

そのまま自然な呼吸をして、五分たったら、伸びをして、目を開けます。

このインナーパワー瞑想は、心を浄化して、安定させることができます。体と心の調和が出現します。

そして、物事をより理解することができ、希望を実現するのに役立ちます。

希望実現の体験談⑧

◈家族関係が大きく改善しました

私はディクシャをいただいてから、心と体が軽くなり、生きやすくなったばかりでなく、母の性格が大きく変わりました。

母はふだんは忍耐づよく人に尽くして生きていましたが、年に三、四回ほど、突然罵詈《ばり》雑言《ぞうごん》をまくし立て、家中のドアや引き戸をバタンバタンと力いっぱい閉めたりして、荒れ狂うことがありました。

荒れ狂った後は、本人はスッキリして、しばらくはもつのですが、その暴れぶりは負のエネルギーを家中にまき散らすので、家族みんなが尋常ではないストレスを感じていました。母は経済力も行動力もあり、家族みんながさんざん世話になっているので、嵐が去るまでじっとしているしかありませんでした。

私がディクシャをいただいてからは、母の嵐が減り、二年目にはまったくなくなったのです。

三年目のいまでは、母はまったく別人のように、無理なく自然に、人のために生きていて、日々新しい朝を迎えて、家族を会社や学校に送り出し、夜、家族が無事に揃《そろ》うことに深く感謝して、穏やかに暮らしています。

ご近所とも、よりいっそうよい関係になり、各家庭の田舎からのおみやげをいただいたり、こちらからさしあげたりして、ほどほどのやりとりを楽しんでいます。痛かった足も治り、毎日の散歩で、新しい、よいお友達にも恵まれ、晴れ晴れとした人間関係を築いています。

家の中はいつも優しい明るいエネルギーに満ちていて、家族みんなが安心して、幸せな毎日を過ごしています。

私がディクシャをいただいて、いろいろなプログラムに参加して、家でコツコツ瞑想して修行を進めることで、このように母の性格が大きく変わり、ほかの家族や会社の人にもとてもよい影響があり、本当にすばらしい恩恵をいただいています。ヨグマタジに深く感謝いたします。

（Ｙ・Ｋ　52歳　女性）

◈腰痛の長患いがほぼ完治し、積極的な姿勢に

「厳しい修行を経て悟りを開いた聖者が、自分を受け入れてくれるのだろうか？」

それが、入門前の率直な印象でした。

入門時の法話会で、初めて至近距離で拝謁《はいえつ》し、「聖者の目だ！」と直感的に感じました。

以来、集中を欠きながらも、瞑想修行をつづけてまいりました。

幾度《いくど》となく祈願を出させていただきましたが、そのたびに驚くべき恩寵《おんちょう》が降り注がれま

した。カルマ浄化の祈願後、長患《ながわずら》いをしていた腰痛が、完治といっていい状態にまで快復しました。医師からは「一度すり減った軟骨は、元に戻らない」といわれ、持病として付き合うように告げられていたのに、ほぼ完治したのです。

また、家族の幸福の祈願後、長年希望していた職種に就くことができました。それまで働いた、どの職場よりも働きやすいその職場で、現在も勤務しています。

そしていまは、同じ職場に気になる異性がいて、良縁祈願を出させていただいたところです。以来、目立った進展はないものの、「結婚すべき、よいご縁ならば、きっとヨグマタジが二人を結んでくださる」という信頼と希望を持って、推移を見守っています。

なによりもありがたいのは、他人様《ひとさま》に対し、伝えるべきことを伝え、伝えるべきでないことは伝えない、という姿勢が自然に備わってきたことです。そのため、まわりから感謝されたり、喜ばれたりする場面が増えました。

以前は、どちらかというと疑いがちでしたので、愛を出すことに消極的でしたし、いざ出しても、ぎこちなくて、かえって相手に緊張を与えてしまう、ということがありました。

いまでは、行動面でも変化があり、ヨグマタジのご著書をプレゼントしたり、体験談を寄稿しよう、という積極的な方向へ変わってきて、自分でも、この変化に驚いています。

まだまだ雑念だらけですが、これからもヨグマタジのご加護のもと、力《りき》まず自然体で、自分とまわりの人々にとって、よいことをつづけていきたい、と思っています。

（Ａ・Ａ　48歳　女性）

◈絶妙のタイミングで整ったり、助けられたりする

自分の嫌な面についても、それも私なんだ、と認められるようになりました。マントラを唱《とな》えると、ヨグマタジのお顔が浮かび、とても幸せな気持ちになるときがあります。

いろいろなことが絶妙のタイミングで整ったり、助けられたりしています。ヨグマタジのお力のおかげです。ヨグマタジには深い感謝の気持ちでいっぱいです。

特別なことをしなくても、当たり前のように日常を送れることを、ありがたく思えるようになれました。

（Ｈ・Ｔ　58歳　女性）

「ヒマラヤ秘教」の用語集

アヌグラハ

「神の恩寵《おんちょう》」のこと。人間を含め、すべてを創造した至高なる存在、ハイヤーコンシャスネスからくる神のパワー、神秘のエネルギー。科学的に表現すると原子力のパワーといわれるが、実際にはそれ以上の威力がある。アヌグラハの力によって、私たちは速《すみ》やかに内側を浄化し、変容させることが可能となる。

アンダーグラウンド・サマディ

地下で行うサマディのこと。完全に密閉され、水、食物、充分な空気もない神聖な地下窟《ちかくつ》で行われる。

カルマ

日本語では「業《ごう》」といわれ、行為のこと。考えること、思うこと、感じること、行動することはすべて内外の行為であり、それは記憶となって、体と心にその印象が刻まれる。そして外からの刺激により、それが活性化され、カルマの記憶は再びカルマのアクションを引き起こす。

クリヤ

アクション（行為）という意味。アヌグラハの恩恵のもと、呼吸法、調息などの所作《しょさ》により、エネルギーレベルから浄化し、変容させる。

グル

グルとはヒンディー語で、「グ」は暗闇、「ル」は光の意味。闇から光に導く存在。マスター、精神的指導者のこと。また、いまでは精神的指導者のみではなく、すべての先生を指すポピュラーな言葉となっている。

サマディ

サマディは光明、悟り、エンライトメントともいわれる。サマディにもいくつかの段階があるが、真のサマディ（究極のサマディ）は、すべてのカルマを浄《きよ》め、心を超え、心臓・呼吸も含めたあらゆる生命活動を止め、死を超えて、純粋な存在になること。

サマディマスター

ヒマラヤ聖者のなかの、真のサマディを行い、悟りを得たシッダーヨギのこと。（シッダーマスターと同義）

サンカルパ

神の意志力に基づく、神聖で純粋で強力な、祈りや思念のこと。

サンスカーラ

過去生からのカルマの記憶で、未来に影響を与える因子。サンスカーラによって、この世に生まれ、どこの国に生まれるか、どの両親の間に生まれるかも決まっている。

シッダーマスター

ヒマラヤ聖者のなかの、真のサマディを行い、悟りを得たシッダーヨギのこと。

シャクティパット

心身、魂の深いレベルでのパワー（エネルギー）伝授。直接触れることもあれば、間接的にエネルギーの伝授が行われることもある。シッダーマスターからのシャクティパットは、アヌグラハという源泉からのグレイス（恩寵）となる。

ダルシャン

聖なる出会い、マスターとともに座ること。

ディクシャ

「伝授」という意味で、エネルギーの伝授、秘法の伝授など、さまざまなディクシャがある。また、「イニシエーション」を指すこともある。

ヒマラヤ大聖者

ヒマラヤに住むすべてのサドゥ、修行者はヒマラヤ聖者と呼ばれる。真理を知るため、宇宙の法則に従って正しく生き、「タパス」という苦行《くぎょう》をする。そのなかで、真のサマディに到達したシッダーマスターのことを「ヒマラヤ大聖者」という。

プラーナ

目に見えないところで、人間の機能を司《つかさど》っているのがプラーナ。日本語でいうと「気」。

ブレッシング（祝福）

神やシッダーマスターから高い次元のエネルギーをいただくこと。

マスター

精神的指導者。グルのこと。

マントラ

いわゆる「真言《しんごん》」に相当する、聖なる波動を持つ言葉。シッダーマスターからディクシャを通して伝授されるマントラは、特別なパワーを持つ。

ヤギャ

日本の「護摩焚《ごまた》き」の原型になっているもの。聖なる火が、アストラルという細やかな目に見えない世界に通じ、神の力を引き出す。なかでもシッダーマスターが行うヤギャは、特別な効果があり、強力な浄化と繁栄をもたらす。人生の成功のため、病気の平癒《へいゆ》や願望の成就、先祖の供養《くよう》などの目的で行われている。

ヨギ

本来は最高のサマディに達した人のこと（「ヨギニ」は女性）。ただヨガをする人という意味ではない。

ヨグマタ相川圭子（ヨグマタ　あいかわけいこ）

女性として史上初のシッダーマスター（サマディヨギ／ヒマラヤ大聖者の意）であり、世界で２人だけのシッダーマスターのひとり。ヨグマタとは「宇宙の母」の意。仏教やキリスト教の源流である、5000年を超える伝統をもつヒマラヤ秘教の正統な継承者。1986年、伝説の大聖者ハリババジに邂逅。標高5000メートルを超えるヒマラヤの秘境にて死を超える修行を重ね、神我一如に長いあいだ留まる「最終段階のサマディ（究極の悟り）」に到達し、究極の真理を悟る。1991～2007年のあいだに計18回、インド各地で世界平和と真理の証明のための公開サマディで４日間サマディに没入、その偉業はインド中の尊敬を集める。インド政府及び瞑想・ヨガの世界的な機関WORLD DEVELOPMENT PARLIAMENTから、「現代瞑想の母」の認定を受ける。2007年にはインド最大の霊性修行の協会ジュナ・アカラより、最高指導者の称号「マハ・マンダレシュワル」を授かる。日本をはじめ欧米などで法話と祝福、シッダーディクシャの悟りのエネルギーと瞑想秘法の伝授を行い、真の幸福と悟りをガイド。日本では悟りのための瞑想合宿を開催。2016年６月と10月、2017年５月には、国連の各種平和のイベントに主賓として招かれ、スピーチを行った。2019年８月にはヨグマタ財団（インド）がインド政府の全面的な協力のもと、ワールドピース・キャンペーン・アワード（世界平和賞）を開催した。
著書には『宇宙に結ぶ「愛」と「叡智」』（講談社）、『心を手放す』（大和書房）、『瞑想のすすめ』（SBクリエイティブ）、『ヒマラヤ聖者の太陽になる言葉』（河出書房新社）、『ヒマラヤ大聖者のマインドフルネス』（幻冬舎）、『ヒマラヤ大聖者 愛の般若心経』『ヒマラヤ大聖者 慈愛の力 奇跡の力』『成功の源泉』（以上、さくら舎）、“The Road to Enlightenment”（Kodansha USA）などがある。

〈問い合わせ先〉
ヨグマタ相川圭子主宰 サイエンス・オブ・エンライトメント
TEL：03-5773-9875（平日10時～20時）
ヨグマタ相川圭子公式ホームページ http://www.science.ne.jp

希《き》望《ぼう》実現《じつげん》の真理《しんり》

――運命《うんめい》は改善《かいぜん》する

二〇二〇年二月一〇日　第一刷発行

著者　ヨグマタ相川圭子《あいかわけいこ》

発行者　古屋信吾

発行所　株式会社さくら舎　http://www.sakurasha.com

東京都千代田区富士見一-二-一一　〒一〇二-〇〇七一

電話　営業　〇三-五二一一-六五三三　ＦＡＸ　〇三-五二一一-六四八一

編集　〇三-五二一一-六四八〇　振替　〇〇一九〇-八-四〇二〇六〇

装丁　石間　淳

写真　荒木一紀／アフロ

印刷・製本　中央精版印刷株式会社

ISBN978-4-86581-232-9